Incompetencias básicas

PENÍNSULA

Incompetencias básicas

Crónica de un disparate educativo

Damià Bardera

Traducción de Àlex Guàrdia Berdiell

PENÍNSULA

Título original: *Incompetències bàsiques: Crònica d'un desgavell educatiu*

Primera edición: febrero de 2025

Ediciones Península,
Diagonal 662-664
08034 Barcelona
edicionespeninsula@planeta.es
www.edicionespeninsula.com

REALIZACIÓN PLANETA - fotocomposición
Impresión y encuadernación: Huertas Industrias Gráficas, S. A.
Depósito legal: B. 1.084-2025
ISBN: 978-84-1100-334-6

Printed in Spain - Impreso en España

PEFC Certificado
Este libro procede de bosques gestionados de forma sostenible
PEFC
PEFC/14-38-00305
www.pefc.es

Índice

INCOMPETENCIAS BÁSICAS

Prólogo

Bardera: el profesor, el escritor, el pensador y el forense

Cuando me pidieron que escribiese el prólogo de este libro tan incisivo que los lectores tienen en sus manos, la asociación de ideas me hizo pensar en Frank McCourt. Al igual que Bardera y que tantos otros, este escritor irlandés compaginó su carrera literaria con su condición de profesor en varios institutos públicos de la ciudad de Nueva York. De hecho, aunque McCourt es conocido por el éxito tardío de una novela impactantemente autobiográfica como *Las cenizas de Ángela*, mi libro preferido suyo es, precisamente, *El profesor*, unas seudomemorias sobre su experiencia durante más de treinta años en el sistema escolar estadounidense. Es una obra curiosa, en la que el valor testimonial y de reflexión sobre la (escasa) lógica de la educación se combina con el talento literario innato del autor, con ese humor cáustico que caracteriza a unos irlandeses con cierta tendencia a las fatalidades históricas. Un libro a la vez bello e implacable y, sobre todo, dotado de ese espíritu irlandés de perseguir el corazón de las tinieblas, que expone con total brutalidad el sistema público educativo de la Nueva York de las décadas de los sesenta, setenta y ochenta, fundamentado en la segregación, los guetos, la total indiferencia del *establishment* respecto a quien habita los barrios pobres, las clases trabajadoras, las comunidades marginadas... En otros términos, *El profesor* disecciona la insostenible farsa hipócrita de un sueño americano de improbables ganadores y construida con el material sobrante del ingente ejército de perdedores, como la buena literatura norteamericana nos ha advertido, desde John Steinbeck hasta Jonathan Franzen.

Quien tenga la oportunidad de leerlo encontrará paralelismos poco sutiles con *Incompetencias básicas*, tanto en las historias que relata como en el tono de observador naturalista a lo Gerald Durrell, que bien podrían implicar títulos alternativos como *Mis alumnos y otros animales*. La referencia animalística no tiene nada de casual, aunque tampoco es insultante. Una clase, un instituto, no deja de ser un ecosistema en el que varios individuos interactúan, generan conflictos, organizan jerarquías, competencias, luchas darwinianas y todo lo que tiene de salvaje la existencia animal y humana, y que queda tan bien reflejado en los reportajes de *National Geographic*. Es cierto que, desde una óptica rousseauniana (impuesta al más puro estilo de la dictadura norcoreana en las facultades de pedagogía), se trata de transmitir una visión idealizada y disneylandizada de la infancia, la adolescencia y unas escuelas donde —como se popularizó en un conocido documental de 2010 concebido para desacreditar la profesión docente— se anhelan angélicos, modélicos y redentores maestros en una lógica de *Esperando a Superman*.[1]

1. Documental dirigido por Davis Guggenheim en 2010 en el que se critica la educación estatal, los derechos laborales de los docentes y

Hablábamos, sin embargo, de la «referencia animalística». Y quien conozca la obra literaria de Bardera detectará elementos comunes en su narrativa. Aparte de su mítico poemario *El penúltim vòmit* [El penúltimo vómito], sus recopilaciones de cuentos —concisos, directos, duros, brutales...— están pobladas de seres de naturaleza salvaje: gorriones, patos, gallinas, anfibios, buitres, gatos, ovejas, hienas, ratas... También de criaturas pequeñas, niños y adolescentes de cualquier edad y condición, con una dimensión perturbadora, a menudo conectados con la versión más tenebrosa de los cuentos infantiles tradicionales que los hermanos Grimm recogieron durante el Romanticismo, mucho antes de que la corrección política los despojara de su carga terrorífica. Reviso las anotaciones en lápiz que hice en alguno de sus primeros libros y me percato de que su lectura me sugirió apuntes del estilo «elementos surrealistas y junguianos», «mundo infantil perturbador», «poco amigo de los convencionalismos literarios», «metáforas brutales»... Doce años después, en su última recopilación de cuentos *Bèsties de companyia* [Bestias de compañía], se percibe una mayor madurez literaria, si bien los *leitmotivs* de las primeras obras no varían mucho. Me atrevería a decir que su experiencia educativa más bien ha afianzado su crudeza.

---

los sindicatos, proponiendo una figura docente que actúe como misionero desinteresado y esté dispuesta a «salvar» a los alumnos de sus carencias, normalmente derivadas de la pobreza, la marginación y la sobreexplotación laboral de sus padres. El reportaje sirvió principalmente para promover las *charter schools*, escuelas privadas financiadas con fondos estatales.

Bardera es un escritor inclasificable. Un *freerider* de la literatura catalana. Una voz singular, un pensador ajeno a las burbujas partidistas y con un ápice de originalidad (o no tanto, si tenemos en cuenta las conexiones de su literatura con Kafka, Javier Tomeo o Monterroso) que, si bien empieza a ser ensalzado como uno de los mejores cultivadores del género de la narrativa corta y a ser conocido entre la crítica más erudita del país, no deja de ser un escritor periférico (en un país en el que la periferia cultural está más poblada y resulta más interesante que el centro).

Ahora bien, volvamos de nuevo a *El profesor*. McCourt es autor de una de mis frases favoritas: «Los irlandeses sobresalen en dos actividades: beber y pelearse». A veces me pregunto cómo puede ser que en nuestro país no haya más afición al alcohol y a la violencia física, pero esto no es ningún problema para la narrativa de Bardera, en la que abundan los niños de ocho años acostumbrados a pimplarse botellas de Larios y en la que la violencia, la sangre, las heridas, las mutilaciones y los asesinatos son habituales y despojados de dramatismo. En el fondo, el mundo infantil y muy especialmente el de la adolescencia, es decir, el de la construcción de una identidad fundamentada en la exploración de los límites (físicos y morales), expresan en su entorno la lucha darwinista por la hegemonía y la supervivencia. Cualquiera que se haya puesto enfrente de una clase tiene que estar muy ciego o disponer de una fe incorruptible de misionero al estilo de Teresa de Calcuta para no darse cuenta. Como animales primates provistos de un aguzado sentido territorial, los conflictos son continuos y desagradables. En el aula, en el patio, en las extraescolares, en el grupo de WhatsApp de los padres, la violencia, más o menos pública, más o menos soterrada, está omnipresente. Nuestra pátina de civilización, los frenos morales que nos imponen la cultura, la religión, las creencias —al fin y al cabo, las ficciones que, como plantea Yuval Noah Harari, nos contamos a nosotros mismos para diferenciarnos del resto de los animales—, son lo que nos impide librar una guerra hobbesiana de todos contra todos. Aquí y en todas partes. Donde hallamos diferencias es en la forma de regular las creencias y los comportamientos y en las diversas formas de diseñar el grueso de esta pátina de civilización. En algunos espacios es más gruesa que en otros.

Y en nuestro país, como hecho diferencial, pintan bastos. Las facultades de pedagogía, los gurús educativos y los expertos dominan el centro del tablero y han hecho una apuesta suicida por Rousseau. Si eso que podríamos llamar «civilización», siguiendo el ejemplo de la Ilustración y de pensadores como Voltaire, serviría para apostar por la racionalidad, el escepticismo y la represión de los instintos primarios, Rousseau, padre espiritual de nuestra pedagogía, representa todo lo contrario. Rousseau abjura de la razón. Odia la inteligencia. Abusa de las ideas hasta deformarlas y convertirlas en idealismo. Vive cabreado, aunque se pasa la vida charlando sobre felicidad. Mientras que Voltaire habla de civilización, la que permite regular los instintos primarios y predadores en el individuo con instinto animal para propiciar una convivencia razonable, Rousseau crea la teoría del buen salvaje: el hombre es bueno por naturaleza, y es la sociedad que lo corrompe.

Voltaire defendía la tolerancia; Rousseau era un fanático. Voltaire trataba de ser consecuente con sus decisiones personales; Rousseau no dudó en abandonar a sus cinco hijos en el hospicio. Resultado de 2024, la escuela rousseauniana de la pedagogía —basada en el desprecio al conocimiento, la fe por encima de la razón y el libre albedrío antes que el orden equilibrado— ha hecho de los institutos una especie de microcosmos del desorden y la anarquía al estilo de *El señor de las moscas* de William Golding, ese libro de imprescindible lectura en el que unos chavales van a parar a una isla desierta y, en vez de actuar como Robinson Crusoe (¡ese optimismo civilizador de Daniel Defoe!), acaban protagonizando una guerra civil hobbesiana que parece el estado natural de aquellos grupos obligados a vivir sin normas sociales. Bardera lo constata con ojo de naturalista, aunque también con el pesimismo filosófico de quien se atreve a contrastar la desagradable realidad en lugar de escurrir el bulto como hace la pedagogía vigente, inspirada en la retórica de los libros de autoayuda.

La educación debería considerarse un campo de batalla entre Voltaire y Rousseau. Y lamentablemente, en nuestro país en particular y en buena parte de Occidente, el suizo se ha impuesto al francés. Ya era así cuando un servidor estudiaba magisterio a mediados de los ochenta. Tres décadas y media después, la idea del buen salvaje resulta hegemónica, en contra de lo que debería dictarnos la lógica de los resultados. En este disloque, Bardera, con su mirada literaria y de ensayista, se limita a plasmar —quizá con aquellos elementos incontrolables de su oficio de escritor— la magnitud de la tragedia.

Por desgracia, esta visión idealista de la infancia, construida a menudo mediante la estética de la fábrica Disney de mitos contemporáneos, sigue contaminando la mirada de los «expertos educativos». Yo mismo, que hace varios años que formo parte del Consejo Escolar de Cataluña, conozco y trato a unos cuantos y constato en su cosmovisión una imagen idealizada de la infancia, la adolescencia y del papel milagroso de la escuela y la finalidad misionera de unos docentes destinados a redimir algún tipo de pecado original no identificado. Es algo que, como al autor de este libro, siempre me ha dejado perplejo. ¿Cómo personas teóricamente inteligentes y con la capacidad de estar bien informadas terminan con una percepción tan deformada de la realidad, viendo en los alumnos aquella mirada clara y brillante del *Emilio* de Rousseau, del «buen salvaje» que conviene apartar de la corrupción que implican las normas y exigencias de la civilización?

Hemos empezado hablando del Bardera escritor, esa dimensión que determina el espíritu y la forma de este libro, y ahora debemos abordar la que nos concierne en este libro: la del Bardera profesor que escribe y sostiene una mirada crítica sobre lo que le rodea. Su experiencia como docente (y anteriormente como filósofo que dio sus primeros pasos profesionales en el precario mundo académico) es lo que ha permitido compartir este tipo de libro negro de la educación actual, este «castillo» kafkiano en el que se han convertido los edificios escolares. En sus narraciones hay otra constante que convendría recordar. Una cierta predilección por el absurdo, por aquellas situaciones kafkianas derivadas de procesos burocráticos que atrapan a sus víctimas en una especie de bucle mortal, como en *El proceso*. El absurdo de ciertas trayectorias profesionales, de las normas inverosímiles, de la ficción con la que actúan los personajes investidos de autoridad, de las consecuencias catastróficas que conlleva el seguir normas que no se ajustan a la realidad. Todos ellos son elementos extraídos de la realidad y reconvertidos en material narrativo; eso sí, como persona que conoce el sistema educativo, yo no osaría plantear que el autor esté exagerando. Más bien al contrario: es fácil inferir que la realidad exagera la ficción. A modo de ejemplo, cabe citar la corrupción instalada en el sistema educativo, que permite que las direcciones puedan elegir funcionarios a dedo y ha suscitado casos en los que un director ha podido elegir en el mismo claustro a su mujer y a su amante a la vez. Otro ejemplo es el de un director adherido a una de las múltiples sectas *new age* que se van apropiando del sistema; esta persona, decimos, ha creado un claustro a medida para sus actividades seudorreligiosas en un centro público, echando —a menudo mediante un acoso moral en el trabajo que las inspecciones prefieren ignorar— a reputados y experimentados profesionales con plaza en propiedad. También podríamos mencionar los casos cada vez más frecuentes de centros con proyectos educativos tan exclusivos e innovadores, y que requieren tanta implicación personal, laboral y emocional, que algunos docentes han tenido que recibir el mismo tratamiento psicológico que se utiliza para desprogramar a quien ha pasado por una secta. No es ninguna exageración. Esto ocurre en la España de 2024 entre los triunfalistas fuegos artificiales de los publirreportajes de algunos medios.

El deterioro del sistema educativo tiene múltiples factores. Sin embargo, la desmoralización colectiva tiene mucho que ver con este tipo de desregulación y desmantelamiento rousseaunianos y con la permisividad mostrada ante los bajos instintos de personas concretas —en lucha darwinista y de una brutalidad descarnada— que corrompen el sistema. En plena era neoliberal fundamentada en la desregulación, la competencia despiadada en la disputa del mercado (las familias con mayor capital cultural) y la exaltación del narcisismo (probablemente hay pocos espectáculos tan bochornosos como las jornadas de puertas abiertas), el hecho de que haya personajes como Bardera, un francotirador de frase corta, lengua afilada y ningún adorno retórico, que denuncia la dura y cruda realidad, expresa la voluntad de que no está todo perdido.

Porque, al fin y al cabo, lo que contiene este libro es un retrato al natural de la quiebra educativa e intelectual de la España de 2024, la culminación de décadas de una peculiar combinación de soberbia, inocencia, credulidad, oportunismo y estupidez (características que detecto en la mayoría de los expertos educativos con los que he tratado). El problema es grave, porque nos aboca a una degradación como país y como sociedad. Como país, porque nuestra supervivencia como pueblo depende de elementos fundamentales como la transmisión de la cultura y la tradición; y como sociedad, porque Occidente ha penetrado en uno de esos oscuros episodios de retroceso civil derivado del irracionalismo, de las creencias místicas, de la fe intolerante que, por ejemplo, han abrazado las izquierdas *woke*, con ese extraño esfuerzo iconoclasta por destruir todo vínculo que nos ate con la tradición mientras se impone el culto a la transformación *per se*, a partir de la idea de que el cambio es bueno por naturaleza, como si no tuviéramos suficiente experiencia para saber cómo hemos evolucionado como sociedad desde que Margaret Thatcher ganó las elecciones un lluvioso día de mayo de 1979.

Volvamos a la degradación del sistema educativo. El carácter poliédrico del libro aspira a presentar un *collage* tétrico que defina el momento actual: el abandono de los alumnos a su suerte (y a su salvaje dimensión rousseauniana); el absurdo de la (de)formación de los docentes; el papel de las pantallas; el irracional discurso *new age* que predomina en los debates educativos; la destrucción de los vínculos profesionales; la norcoreización de los directores y los claustros; el papel de *politruks* de los pedagogos; la gran renuncia docente; la idealización de unos alumnos introducidos prematuramente en la pornografía (sexual y emocional); en resumen, la banalización del mal. Todo ello ha hecho del sistema, especialmente en los institutos de secundaria, una gran farsa. La escuela no funciona, entre otros motivos, porque ha perdido no solo su misión, sino cualquier propósito mínimamente consensuado. Se ha hundido en el lodazal de la indefinición. Se ha visto empantanada en pretensiones contradictorias: educar a los alumnos renunciando a corregirlos; hacerles aprender, pero sin dejar de entretenerlos; afirmar que se persigue la excelencia mientras se obliga a aprobar a todos; individualizar la enseñanza, pero manteniendo la ratio media de doscientos estudiantes que tiene cualquier profesor a jornada completa; hacer trabajar con pantallas a una generación adicta a las mismas... Los oxímoron curriculares, dogmáticos y existenciales son expuestos a la luz pública en este pequeño gran libro, formado por microrrelatos como pequeñas dosis concentradas de realidad.

Sin embargo, si tuviéramos que quedarnos con una idea, entre kafkiana y barderiana, deberíamos convenir en que todo se trata de una gran farsa. Cuando hábiles analistas como Emmanuel Todd previeron lo que ninguno de los especialistas podía imaginar, la caída del bloque comunista, recurrieron a algunos datos significativos: el número de bajas y el absentismo de los trabajadores soviéticos; la expansión del alcoholismo; la baja productividad; la desmoralización. Uno de los chistes de la época ponía en boca de un trabajador el porqué de todo ello: «Ellos hacen ver que nos pagan, y nosotros hacemos ver que trabajamos». Ese «todo» representaba un sistema económico y social sostenido sobre la mentira. O quizá más bien sobre el hecho de que nadie denunciaba ni asumía la verdad. Nadie se atrevía a contar la realidad porque eso podía traer más inconvenientes que ventajas. Chernóbil resultó ser una metáfora de cómo ese sistema se había convertido en radiactivo.

En los institutos de nuestro país, y en buena parte del mundo occidental, tenemos suficientes datos (de absentismo, de bajas laborales, de consumo de antidepresivos, de desmoralización, de mentiras, de ocultación de la realidad) para asumir que existe un: «Ellos hacen ver que aprenden y nosotros, que enseñamos». Ahora bien, no sé si la frase describiría con precisión eso que ocurre y que Bardera evidencia. Podríamos utilizar otra frase, como: «Los alumnos no saben exactamente qué vienen a hacer al instituto; y los profesores tampoco». En cualquier caso, todo recuerda a cómo se falsificaban los planes quinquenales de la burocracia soviética. En la situación actual, y tal y como exigen las directivas y las prioridades de Bruselas, la tasa de graduación del alumnado ya debe de pasar del 90 por ciento, mientras que habilidades básicas como la lectoescritura o el cálculo se han hundido al nivel de los años setenta del siglo pasado. Exámenes como las PAP (pruebas de aptitud personal), que instauró la *consellera* Irene Rigau para asegurar que había un mínimo de habilidades cognitivas entre los futuros estudiantes de magisterio de Cataluña, constatan cómo la radiactividad de la «innovación educativa» impulsada por gurús de la Fundación Bofill o la Escola Nova 21 ya ha hecho su efecto. Hablamos de pruebas de un nivel requerido formalmente en segundo o tercero de la ESO. Teniendo en cuenta que la productividad implica aprobar a todos los alumnos (los lectores, gracias a este libro, pronto sabrán en qué consiste un PI), se han llegado a producir escenas kafkianas como conceder el título de la ESO a alumnos que no han dado señales de vida en todo el curso. Técnicamente, hacerlo es un insulto a los estudiantes que han seguido las normas, una devaluación de la titulación (es como si el Gobierno decidiera que cada hogar pudiera disponer de una máquina capaz de imprimir euros legales) y un insulto a una sociedad que, crecientemente emasculada, mira para otro lado.

Hemos hablado del Bardera escritor y del Bardera profesor. Ahora toca el Bardera pensador. Ha publicado ensayos desgarradores y artículos muy leídos gracias a los grupos de WhatsApp de muchos claustros del país. Es un personaje que influye desde la periferia del sistema. Cuando me sugirió escribir este prólogo, mi memoria me hizo una faena y me impidió recordar el momento en el que nos conocimos. Como soy historiador, me basaré en fuentes documentales. Nuestro primer encuentro fue en noviembre de 2012. Compartíamos editor, Francesc Mestres, de El Cep i la Nansa, el hombre que finalmente nos presentó en la Llibreria 22 de Girona. Tengo la dedicatoria de su *I alguns contes per llegir-los d'amagat* [Y algunos cuentos para leer a escondidas] como prueba. Y puesto que hemos gozado de una larga colaboración literaria y he hecho de crítico de buena parte de su abundante bibliografía, se puede considerar que soy un seguidor suyo desde el principio. Eso sí, nuestro segundo encuentro, quizá el más interesante, lo podríamos situar en junio de 2013, y quien nos puso en contacto fue el añorado Josep Maria Terricabras. (Un Terricabras, por cierto, que también trabajó como profesor de secundaria en Sant Feliu de Guíxols durante la década de los setenta y que era especialista en un pensador brillante: Ludwig Wittgenstein, quien, poco después de haber pasado la mayor parte de la Gran Guerra como prisionero de los italianos, ejerció seis años como maestro de primaria en la Baja Austria rural, de 1920 a 1926.) Ya pueden comprobar que suelo hacer largas acotaciones para recordar cómo el sistema educativo derrocha el talento que ha ido a parar a sus escuelas e institutos (la prioridad actual es el perfil de animador sociocultural, no el de profesor). En todo caso, y disculpen mi estilo barroquizante, por aquel entonces Damià, si no ando equivocado, estaba de doctorando (o con alguna beca posdoctoral) en la cátedra Ferrater Mora. En ese contexto coincidimos y charlamos bastante, durante el seminario que impartió un ya nonagenario Zygmunt Bauman sobre la sociedad líquida en la edad contemporánea.

Nada sucede por casualidad. En el fondo, el libro que los lectores tienen en sus manos (y del que estoy retrasando la lectura) plasma las ideas que ya expresó aquel sabio que había sobrevivido a la invasión nazi, a la persecución comunista y a la era thatcheriana. Bauman probablemente sea el pensador que ha sabido describir mejor este mundo tan existencialmente inhóspito que representan las primeras décadas del siglo. Para ese filósofo judío polaco y naturalizado británico, el neoliberalismo triunfante ha propiciado una sociedad que ha destruido todos los vínculos sólidos que tenían cierta capacidad de reunir a la gente. Ya lo profetizó hace cerca de medio siglo Margaret Thatcher: «La sociedad no existe; solo existen individuos y familias». El individuo, desprovisto de vínculos, en el que toda institución sólida es destruida, queda completamente solo y aislado ante las fuerzas del mercado. La escuela es una de esas instituciones que han sido desmanteladas —cuando menos, internamente—, dejando apenas la fachada. También lo han sido las carreras profesionales, los oficios, los sindicatos, la política, la comunidad... Y en este sentido, cualquier existencia, regresando a Bauman, es líquida, maleable y provisional. Y eso genera una angustia existencial terrible.

El propio Bauman, que también escribió un interesante libro sobre educación, profundizó más sobre el tema.

En *Vidas desperdiciadas* expuso que los individuos, sometidos a la tiranía del mercado, se convertían en mercancías y que, como toda mercancía, tenían fecha de caducidad. Y una vez adquirido ese nuevo estatus, las personas pasaban a transformarse en «residuos humanos». Klaus Schwab, otro de los interesantes pensadores de los inicios de este siglo, presidente durante los últimos años del Foro de Davos, también vaticinó que eso que él denominaba Cuarta Revolución Industrial, derivada de la digitalización y la inteligencia artificial, haría prescindible una parte sustancial de la población. Por otra parte, las experiencias de la primavera árabe de 2010 o del movimiento del 15M y de *Occupy Wall Street* (2011) indicaban claramente que todo desafío al orden neoliberal global, ese capitalismo predador instalado en todas partes, provenía de jóvenes bien preparados que, mediante su ira y resentimiento ante un mercado laboral y un mundo que no les concedía ninguna oportunidad, encontraban en la rebelión (y quién sabe si en la revolución) una forma de impugnar el orden vigente. Las ideas y la cultura son dos herramientas imprescindibles para imaginar un sistema alternativo.

¿Es aquí, precisamente, donde encontramos las causas de este disparate educativo? ¿Son estas las causas que nos han llevado a convertir las escuelas y los institutos (y también las universidades) en un «no lugar» sin una definición ni finalidad claras? ¿Como lugar de paso donde tratar de distraer a adolescentes sin dotarlos de útiles culturales ni intelectuales y someterlos a una enajenación permanente? ¿A impulsar una pasividad e impotencia fundamentadas en el «divirtámonos hasta morir» que vaticinaba hace medio siglo Neil Postman? ¿Son hoy los sistemas públicos educativos un espacio de segregación que persigue precisamente acabar con la meritocracia y el progreso que los había caracterizado a lo largo del siglo anterior?

Como historiador, debo decir que he firmado una suerte de juramento hipocrático por el que no puedo aceptar teorías de la conspiración. Y he oído algunas al respecto. Dicho esto, resulta tentador ver en estas innovaciones educativas, impuestas a base de desregulaciones neoliberales y el lenguaje amable de la autoayuda budista de los negocios, que en el fondo no son otra cosa que la desarticulación y el desmantelamiento del sistema educativo que constata Bardera, una especie de eunuquización de las nuevas generaciones. Porque, precisamente, esta farsa erigida sobre conceptos como la diversidad y la inclusión desproblematizada representa esto: una fábrica de eunucos, pues lo que siempre ha caracterizado los cuentos infantiles (el héroe que debe superar grandes obstáculos para obtener una recompensa) ha sido expulsado de la experiencia de los estudiantes y convenientemente expulsado de las bibliotecas escolares en aras de la corrección política y la cultura de la cancelación. ¿Esta obsesión por su salud mental, esa apelación constante a los sentimientos, ese tipo de moralina Disney que acapara las clases y las redes sociales a las que son adictos, no son acaso un intento de potenciar la fragilidad y la debilidad generacional? Bardera hace referencia a un concepto del padre de la psicología positiva, Martin Seligman, para definir la eunuquización de los docentes: la indefensión aprendida, la idea de que las estructuras de poder de una escuela o un instituto hacen inútil toda protesta o resistencia. Y, efectivamente, el sometimiento de los profesores al orden neoliberal es una manera efectiva de someter también a sus alumnos.

Porque, en efecto, el resultado final es que ya no tenemos sistema educativo, ni siquiera una educación mínimamente regulada, sino un muerto (la escuela) y una serie de pruebas a su alrededor. El cable del ascensor social se ha cortado en un acto de sabotaje. La meritocracia ha desaparecido. Las pantallas han convertido en zombis a buena parte de los alumnos, y también de los maestros. De hecho, los claustros podrían parecer también una especie de *Guerra mundial Z* en la que los que todavía no han sido infectados por el virus de la sumisión deben concentrar sus esfuerzos en disimular en un espacio de silencios norcoreanos. El sistema, que servía básicamente como una herramienta que nos ligaba a la tradición humanística y cultural del país y la civilización, ha sido destruido precisamente para ello: para despojarnos de todo vínculo con el pasado, para robarnos el futuro y podernos manipular en el presente.

En cualquier caso, es obvio que alguien ha asesinado al sistema educativo, con sus consecuencias positivas y negativas. Y como se refleja en las páginas que empezarán a leer, se encuentran frente a un cadáver. Y aquí el Bardera pensador se dedica a lo que sus conocimientos filosóficos y sus habilidades como ensayista y articulista le permiten: hacer de forense. Como en toda autopsia, los signos de violencia, la sangre, las vísceras y la descomposición hacen de la lectura del libro un ejercicio no siempre agradable, aunque imprescindible. Porque, como es obvio, hay que averiguar las causas y poner de relieve todos los indicios para capturar y castigar al culpable. Y quién sabe si poner algún remedio...

Xavier Diez,
escritor, historiador y articulista

INCOMPETENCIAS BÁSICAS

El abecé

Hace casi diez años, al culminar el ansiado cambio de la escuela privada a la pública, estuve varios meses en el paro con la esperanza de obtener, de cara a septiembre, una plaza de interino en algún instituto relativamente cerca de casa, aunque fuera a media jornada.

Fue a media jornada, de septiembre a agosto, el curso entero, en un instituto de Figueres.

Ese año los alumnos empezaban un viernes, y yo, a primera hora, a las ocho en punto de la mañana, tenía guardia.

Desde la sala de profesores, una vez que los alumnos ya habían entrado en clase, empecé a oír gritos en el pasillo. Un bullicio que para qué. Alarmado, me acerqué.

Había dos chicas de etnia gitana, primas, que se negaban a entrar en clase. Una se estrenaba en el instituto —en primero de la ESO— y la otra tenía un par de años más. Ambas iban arrojando cuanto encontraban a su paso, insultaban a las conserjes, amenazaban a la jefa de estudios, daban coces a diestro y siniestro, chillaban...

Ante mi atónita mirada, perplejo de ver un espectáculo tan grotesco en mi primer día, totalmente mudo, las chicas debieron de sentirse juzgadas, maltratadas, o a saber cómo. La mayor me lanzó un:

—¿Qué miras? ¡Hijoputa![1]

«Sobre todo no la toques, Damià —recuerdo que pensé—, sobre todo no la toques...»

Experimenté de una forma muy directa y descarnada, sin filtros racionalizadores, la indefensión a la que estamos sometidos los docentes.

«Cuidado que no te agreda, Damià.»

En esta nuestra tierra de «progresismo pedagógico», de papanatismo educativo, ni siquiera puedes insinuar —ya no digamos defender— que maestros y profesores deberíamos tener rango de autoridad pública, que agredir a un docente debería equivaler a agredir a un agente de policía, por ejemplo, o a un policía municipal.

No, aquí debes entender la violencia del alumno, su ira, su desprecio, debes tolerarle todo lo que está escrito, respetar sus derechos y no recordarle que tiene, como estudiante, como persona y como todo el mundo, unos deberes que ha de cumplir. Tienes que dejar que el alumno se exprese libre y espontáneamente, para no contrariarlo.

Veinte minutos después, apareció el padre de una de las chicas. «Ahora igual se comportan», pensé. Me equivocaba. En ese momento aún no sabía —ingenuo de mí— que si un alumno en el instituto actúa de manera irrespetuosa, incluso violenta, en casa debe de ser un auténtico infierno.

1. En castellano en el original. *(N. del T.)*

El padre, avergonzado, tuvo que soportar los insultos reiterados de la hija y la sobrina, los gritos, la humillación, y dada la imposibilidad de enderezarlas, subió solo las escaleras que llevaban a dirección, cabizbajo, derrotado.

Al volver a los cinco minutos con los papeles de la expulsión bajo el brazo, se llevó a las chicas —o las chicas se lo llevaron a él—; ya a salvo, liberado de la tensión de tener que vigilarlas y de hacerme responsable, me supo mal, fatal. ¿Qué padre decente querría tener una hija que le insultara, que le avergonzara? ¿Cómo puede ser que unas chicas con problemas conductuales severos —problemas que, por otra parte, debían de derivar de algún desorden psicológico previo— no estuvieran debidamente atendidas? ¿Cómo llegaron hasta allí? ¿Por qué en este país no se puede hablar abiertamente de los problemas de escolarización de la comunidad gitana? ¿Podemos hacer algo los docentes? ¡¿Qué tenía que ver yo con todo aquello?!

«¿Esto es muy normal en este instituto?», pregunté a varios compañeros. «No —me contestaron los más curtidos—, suele pasar solo el primer día o la primera semana. Luego ya no vuelven.»

Efectivamente, no volvieron. Cada vez que los medios de comunicación hablan de absentismo y publican los datos del fracaso escolar en España, del abandono en la etapa de secundaria, irremediablemente pongo rostro a las estadísticas: pienso en aquellas dos chicas de etnia gitana, en la imposibilidad social, familiar y pedagógica de escolarizarlas de manera convencional y real.

No volví a verlas.

Durante mucho tiempo, he llamado la atención a aquellos alumnos que querían estar sentados en el aula con la gorra o con cualquier otra prenda que les cubriera media cara o directamente todo el cráneo. En general, los alumnos respondían bien, y yo se lo pedía con educación, incluso con un toque de ironía amable, nada hiriente.

Pero al pedírselo, si en clase había una chica con velo —o más de una—, siempre sentía la misma zozobra. Sufría por si el alumno me contestaba, insolente, señalando a su compañera de clase:

—Y esta de aquí, ¿por qué no se quita el pañuelo?

A pesar de figurarme la desagradable escena una y otra vez —le daba vueltas y más vueltas—, afortunadamente nunca me ha pasado.

«¿Qué le habría podido contestar?»

Actualmente, sin embargo, ya no les pido a los alumnos que se quiten la gorra. He desistido, he tirado la toalla. A lo sumo, les digo que estar en el aula con la gorra puesta es de mala educación, y que si algún día deben asistir a una entrevista de trabajo, más les vale presentarse con la cabecita descubierta si quieren tener alguna posibilidad de ser contratados.

El punto de inflexión llegó hace poco, un día de principio de curso, a finales de septiembre. Hacía un calor sofocante y le pedí a un alumno que, por favor, se quitara la gorra para estar en el aula. Él me respondió, indignado:

—¡Pero si el profesor M. P. entra en clase con la gorra puesta!

Tenía razón.

—¿Y no se la quita para dar clase? —le pregunté yo.

—Depende del día —me contestó él, seco y rotundo.

Enmudecí. Prefiero no hablar de otros profesores con los alumnos. Visualicé al profesor en cuestión: lleva vestimenta alternativa y los primeros días de septiembre suele presentarse en el instituto con chancletas, bañador y gorra. No diferencia entre reuniones formales, informales y clases con alumnos. Él siempre viste igual. Es un profesor auténtico; inconsciente y trágicamente auténtico. Incapaz no ya de aprobar unas oposiciones, sino de presentarse con un mínimo de garantías, de coherencia y de dignidad, a menudo falta en el trabajo —sobre todo los lunes— y el resto debemos cubrirle las guardias. Y siempre la misma historia, año tras año, curso tras curso.

De talante depresivo, inmaduro, sin hijos, fuma porros de manera compulsiva. De vez en cuando se deprime por algún desengaño amoroso —o porque su último ligue le ha dejado, como un adolescente— y no se presenta al curro. Una persona sin voluntad, a la deriva, incompetente para la docencia —y seguramente para cualquier otra labor con un mínimo de exigencia y formalidad—, una persona carente de proyecto vital sólido, emocionalmente inestable.

Da un poco de lástima, pero se trata de una lástima muy humana, demasiado humana, una realidad que los alumnos suelen ver venir de lejos y se aprovechan. Podéis dar por sentado que se aprovechan: con él —y con tantos otros profesores que disimulan la incompetencia con (mucha) laxitud— nunca suspende nadie. Actualmente solo da cursos de la ESO, grupos sin demasiado compromiso, de esos por los que nadie se preocupa en exceso.

No, no es mala fe. Sencillamente son docentes que no están a la altura. No se dan cuenta —o no quieren darse cuenta— de la responsabilidad que tienen para con los alumnos. Y claro, ¿qué vas a decirles? Después de haber probado suerte en la empresa privada y de haber fracasado, ven en la docencia la salida «fácil», pues el sistema acepta a todo el mundo —es de lo más inclusivo— y la gente tiene derecho a ganarse la vida. Él no hace nada ilegal. Además, ¡qué caray... si faltan docentes! ¡Faltan muchos!

Pero a diferencia de lo que suele pensar la mayoría, no hace falta una gran vocación para hacer bien este trabajo. Solo hace falta ser competente, como en cualquier otro oficio, con o sin gorra.

El Máster del Universo

Falta gente, decíamos. En la bolsa de sustitutos de secundaria, hace tiempo que algunas especialidades —matemáticas, informática, lenguas clásicas...— están prácticamente vacías.

Por eso muchas sustituciones no se cubren y, si se cubren, lo hace alguien de otra especialidad.

Este año, en el instituto donde trabajo, ha costado Dios y ayuda cubrir la plaza de latín y griego. De hecho, estrictamente hablando no se ha cubierto: han ido pasando sustitutos y los alumnos han tenido cuatro profesores diferentes durante el curso, con largas temporadas sin nadie.

(Nota: A raíz de la lectura de un artículo mío, una excompañera de trabajo, actualmente jubilada, profesional de trayectoria impecable, me escribe un correo electrónico, alarmada e indignada por el nivel de muchos docentes que empiezan ahora. Me dice: «A los candidatos a sustitutos o interinos, nadie les hace ni siquiera una entrevista para ver si son aptos para el trabajo, y luego ocurre lo que ocurre: no les gusta, fracasan y dan unas clases desastrosas o se piden la baja. Esto lo he visto con mis propios ojos, y ahora también lo sé gracias a lo que me cuenta mi hija. Por suerte ella ha aprobado las oposiciones y, por suerte, le gusta mucho su trabajo y tiene buenas aptitudes para desempeñarlo, aunque por ahora sigue con las sustituciones. Tenemos la sospecha de que todas las que ha hecho son de gente que se columpia. Tal vez los inspectores médicos deberían meter baza. En estos momentos ella está haciendo una sustitución de una sustitución, por lo que su plaza cuesta tres sueldos. Y no es un caso aislado. Si el incremento de presupuesto en educación debe destinarse a pagar esos fraudes, apaga y vámonos. Es evidente que hay docentes dentro del sistema que, independientemente de su valía intelectual, no tienen el carácter ni las cualidades necesarios para ponerse delante de una clase con treinta adolescentes. Dejarlos entrar sin control es como si se contrataran bomberos sin la preparación física ni las condiciones psíquicas necesarias y, entonces, estos se cogieran la baja por angustia, estrés o fatiga».)

Plazas de difícil cobertura, las llaman. Un clásico. Entonces la selectividad suele ir mal, a menos que los alumnos hayan recibido clases particulares.

¡Ah!, las clases particulares... Otro tema que tela marinera, porque no todo el mundo puede hacerlas. En la ESO da igual; allí tenemos a los alumnos razonablemente bien ocupados —pegando gomets, haciendo educación emocional y aprendiendo a perseguir unicornios— y no hace falta clamar al cielo. Pero después viene el bachillerato, y la selectividad, y la universidad, ¡y la vida!

Titular de *El Periódico de Catalunya*, 27 de diciembre de 2023: «La falta de profesores en secundaria abre la puerta a docentes sin titulación pedagógica».

«Titulación pedagógica.» Será un eufemismo para referirse al máster de formación del profesorado de la ESO y bachillerato, una formación presuntamente obligatoria y necesaria para ejercer la docencia, tanto en la escuela privada como en la pública.

A pesar de tratarse de una formación académicamente vergonzosa —mi peor experiencia académica con diferencia, ¡y he tenido muchas!—, primero tienes que pasar por caja: entre 3.000 y 8.000 euros, dependiendo de la universidad; y luego debes pasar por el aro: 60 créditos oficiales, unas 1.800 horas de teoría barata, trabajos, trabajitos y mucha ideología pedagógica indigesta.

Cuando empecé la licenciatura de Filosofía —300 créditos repartidos en cinco años académicos—, si querías dedicarte profesionalmente a la docencia tenías la posibilidad de hacer el CAP (Certificado de Aptitud Pedagógica) una vez finalizada la carrera. Incluso podías compaginar ese CAP con el último año de carrera. Todo eran facilidades: era barato, eran pocas horas e ibas al grano.

A mí, sin embargo, y a tantos otros, el Estado nos estafó: nos cambió las normas del juego a media partida y, en el ecuador de la licenciatura, se nos notificó que se suprimía el CAP y que a partir de entonces deberíamos realizar un máster. *El* Máster. Una formación de 60 créditos pensados para complementar los 240 de los nuevos grados universitarios. Resumiendo: tuve que realizar 300 créditos de licenciatura más 60 créditos de máster, mientras que los universitarios que comenzaban un nuevo grado harían 240 más 60.

A esto se le llama «inseguridad jurídica». Empecé con una queja al síndico de la universidad, después presenté una queja al Síndic de Greuges de Catalunya y, finalmente, protesté ante el Defensor del Pueblo. De nada sirvió. De la misma forma que se aprueban leyes de educación en cada nueva legislatura —hemos sufrido nueve desde la Transición— y nadie se preocupa de evaluar sus resultados, también te cambian las reglas del juego a media partida y no ocurre absolutamente nada.

¿Qué pasaría si, a medio curso, a mí me diera la santa gana de cambiar los criterios de evaluación por capricho? Si no afectase de forma negativa a ningún alumno, sino al contrario, no pasaría nada de nada. No habría ningún problema. Incluso sería un profesor enrollado, un profesor guay, flexible, modernillo, un modelo a seguir. Ahora bien, si el cambio de criterio afectara negativamente a un alumno —o a más de uno—, al día siguiente ya tendría al inspector en el centro.

¡Ah!, los inspectores... ¿merecen un capítulo aparte? Al primero, lo conocí precisamente haciendo el Máster. Compaginaba el trabajo y el sueldo de inspector con el trabajo y el sueldo de coordinador del máster de la UNED en Girona. Psicólogo de formación, con vínculos en la política municipal, articulista esporádico, dudo que haya pisado un aula en toda su trayectoria profesional. Nunca me resolvió ninguna duda (ni una sola), ni a mí ni al resto del alumnado del Máster; siempre se excusaba diciendo que tenía mucho mucho trabajo. Una vez finalizado el Máster, eso sí, me felicitó porque, a su juicio, yo había «entendido perfectamente lo que se me pedía». En efecto: ya desde el principio, al ver que era incapaz de resolverme ninguna duda, no me paré en barras y dejé de molestarle.

Pastillas

Sin el Máster, se suponía que no se podía ejercer la docencia de ninguna de las maneras, ni yo ni nadie, ni en la privada ni en la pública, en ninguna parte. Eso era en el año 2011. Al finalizar la carrera, tuve la suerte de recibir una beca para realizar el doctorado y, en vez de cursar el Máster, tuve que hacer otro máster, uno diferente que me permitiera acceder al programa de doctorado.

Sin embargo, este último máster no me servía para ejercer la docencia. Y la tesis doctoral tampoco. Por lo tanto, una vez terminada la beca y la tesis, en el año 2014, tuve que hacer el Máster, esta vez sí. Pero ahora que les falta gente, en 2024, el Máster ha dejado de ser un requisito imprescindible; todo el mundo cabe en el sistema, y ya hace tres o cuatro años que la «titulación pedagógica obligatoria y necesaria para ejercer la docencia en este país» ya no es tan necesaria.

Este cambio de criterio es de agradecer. Rectificar es de sabios. Conozco a un buen puñado de sustitutos que se han plantado en su nuevo puesto de trabajo a las ocho de la mañana y, antes de concluir la jornada laboral, se han pasado por dirección a fin de despedirse y renunciar a su plaza. Que eso no es para ellos, suelen decir, que no es lo que se esperaban.

¡Ay, cielito!

¿Qué soñaban con encontrarse en las aulas? ¿Algo de reconocimiento? ¿Un trabajo con sentido? ¿Estabilidad psicológica? ¿Alumnos motivados? ¿Un buen horario? ¿Muchas vacaciones?

(Nota: Al menos ahora las nuevas hornadas de sustitutos ya no tendrán que perder el tiempo ni el dinero haciendo el Máster antes de autodespedirse.)

El año pasado apareció la sorprendente noticia de que en Corea del Sur, uno de los países líderes en educación, se produjo una huelga masiva de profesores para denunciar el acoso al que se veían sometidos por parte de padres y alumnos. El detonante de la huelga fue el suicidio de una profesora abrumada por la excesiva carga de trabajo y la ingratitud del alumnado y sus familias.

Caray, pensé al leer la noticia. Hasta ahora, Corea del Sur había sido uno de los países con mejores resultados académicos, pero arrastraba el estigma del elevado —¡demencial!— índice de suicidios entre los estudiantes, dada la naturaleza ultracompetitiva de su sistema educativo. De hecho, es un estigma que aún conserva, pese a los reiterados intentos del Gobierno del país asiático por remediarlo.

Recuerdo que esta noticia coincidió con otra aparecida en nuestro país: la triste realidad de una profesora de música que había sido acosada sexualmente por cinco alumnos de tercero de la ESO. ¿Cuáles fueron las consecuencias para los alumnos acosadores? Casi nada: siguieron tan anchos, disfrutando de sus derechos —el derecho de ser evaluados, por ejemplo— y desconociendo cuáles eran sus deberes. En cambio, la profesora, que para más inri era interina y no tenía plaza en el centro, no solo vio socavada su salud mental, sino que no recibió ningún apoyo de las autoridades educativas ni de la dirección del centro; al contrario, llegaron a insinuar que quizá ella —con su actitud, su forma de vestir, su maquillaje...— había tenido la culpa.

Depresiones entre el profesorado, ansiedad, estrés... es un tema algo tabú. Es desagradable y, a la persona que habla de ello, la vuelve más desagradable.

En varias ocasiones he pedido públicamente que las autoridades educativas se dignen a publicar los datos de bajas entre el profesorado por motivos de salud mental. Nada, ni un dato.

(Nota: Cifras de suicidios relacionados con la docencia, todavía menos.)

Hace poco, un buen amigo me comentó que estaba de baja por ansiedad, y eso que ya tenía cierta experiencia en el aula. Interino, especialidad de matemáticas. Los alumnos le hacían la vida imposible, le rodeaban, lo acosaban... Había decidido que, cuando se le terminara la baja, renunciaría a la plaza de interino y abandonaría definitivamente la docencia. Y lo ha hecho.

Otra amiga —esta sí que había hecho el Máster, y también el doctorado, y el otro máster— llegó a una situación límite por estrés y ansiedad y tuvo que permanecer varios meses de baja. Al volver al trabajo, se presentó medicada, naturalmente, bastante medicada, y cuando entró en el despacho del director, se sentó y reveló en confianza que se estaba medicando, que nunca lo habría dicho, pero que ahora debía medicarse. Tremenda fue su sorpresa cuando el director del centro le confesó, también en confianza, que no padeciera ni se sintiera mal, porque él también se medicaba y que, «si no fuera por las pastillas, medio claustro no podría ir a trabajar».

Suerte de las vacaciones

«Los maestros tienen muchas vacaciones.»

CD (competencia digital)

De vez en cuando, los alumnos hacen huelga. (Los profesores también, pero a nosotros nos lo descuentan del sueldo.) Los motivos de las huelgas —las de los alumnos— son de lo más pintorescos. En la última que hubo, protestaron por el maltrato que reciben por parte de los profesores, unos seres supuestamente sádicos y quejicas.

Yo, que con mi alumnado no hablo nunca de política, ni de drogas, ni de sexo ni de religión —ni de mí mismo—, al enterarme del motivo de la huelga no pude contenerme y solté un minidiscurso encendido en medio de la sesión.

«¡Pero qué os habéis creído!»

No es habitual, pero tampoco era la primera vez.

No hace mucho me encontré casualmente con mis propios apuntes de historia de la filosofía colgados en internet. Técnicamente no son míos, sino que los heredé de un exprofesor con quien aún tengo amistad.

No obstante, son documentos no públicos, valiosos, que comparto con los alumnos y que me sirven para orientar las clases. Algún alumno —o más de uno— había subido los apuntes a internet, impunemente.

Nadie me pidió permiso.

Nadie me informó.

Y todavía están ahí, con el nombre y los apellidos del autor sin que él tenga conocimiento alguno.

Qué vergüenza, qué cara.

Competencia digital, lo llaman ahora. Educación *en* —y *con*— valores.

Pactos tácitos

Lo dicho: los alumnos, de vez en cuando, hacen huelga. Hace tres o cuatro años, durante todo un curso hubo convocada una huelga cada viernes; unos treinta y tres días lectivos, aproximadamente.

El motivo: protestar por la degradación del medio ambiente.

Cualquier excusa es buena. Esta última vez —en la huelga del maltrato—, los alumnos de segundo de bachillerato aprovecharon la ocasión para quedarse en casa y terminar de pulir su TR, el temido trabajo de investigación que en Cataluña representa un 10 por ciento de la nota final de la etapa de bachillerato.

Todo cuadra: un sindicato juvenil independentista —y feminista y comunista y ecologista— que siempre vela por el bien del alumnado del país convoca, con la excusa del presunto maltrato, una huelga en Cataluña —siempre en Cataluña— para que los alumnos catalanes puedan acabar un trabajo de investigación que únicamente se realiza en esta comunidad autónoma y en las Islas Baleares.

Los docentes de Cataluña somos de los que menos cobramos del Estado; por el contrario, las autoridades educativas catalanas son las que más cobran de todas las autoridades educativas estatales.

Posible titular:

«La Generalitat no paga ningún plus a los profesores por dirigir, tutorizar y evaluar trabajos de investigación».

El despliegue logístico que conllevan estos trabajos es tan ingente y enrevesado que, en estos momentos, después de más de veinte años de haberse puesto en marcha este programa, no conozco ningún instituto que lo tenga bien resuelto. Y me he encargado de preguntarlo aquí y allá...

Os confesaré un secreto: la mayoría de esos trabajos dan pena. Y mucha. Hay pocos alumnos que se motiven y le saquen provecho. Solo pueden sacarle rédito aquellos que, además de ser alumnos excelentes —o directamente brillantes—, en verano no han de trabajar.

Es un quebradero de cabeza tanto para el alumnado como para el profesorado. Por eso la inmensa mayoría de los trabajos no tienen ningún interés ni fiabilidad. No pueden salir de los institutos: la parte teórica es copiada íntegramente de internet —o hecha con inteligencia artificial— y la parte práctica es risible. ¿Pero qué vas a decirles? ¿Qué quieres hacer? ¿Acaso lo haríamos mejor nosotros, los profesores?

«Los alumnos saben que nosotros sabemos que ellos saben...»

Hay un pacto tácito: tú, alumno integrado en nuestro sistema educativo, el sistema más avanzado de Europa del Sur —el sistema que te garantizará una educación pública y de calidad—, disimula que has copiado de internet, finge que este trabajo te importa —que has investigado, que no te has inventado los datos y las entrevistas—, y nosotros te aprobaremos. Incluso te pondremos buena nota si intuimos que has alcanzado correctamente las competencias requeridas.

Marca de la casa

28 de diciembre de 2023. Santos Inocentes. La consejera de Educación de Cataluña, @AnnaSimo, ha puesto un tuit:

> Hoy he mantenido una reunión con la ministra @pilar_alegria. Hemos hablado de *políticas de fondo* [la cursiva es mía] y del Plan de trabajo de legislatura que le hemos

hecho llegar. El Estado debe corresponsabilizarse de los retos de la educación en Cataluña. Debe acompañar con recursos la normativa que impulsan.

Pasemos el traductor. Cuando la consejera dice «políticas de fondo», significa, en esencia, que los docentes catalanes —quienes trabajamos en Cataluña— en un futuro próximo tendremos que depender única y exclusivamente de la Generalitat, no del Gobierno central.

Me veo (re)convertido, dentro de poco tiempo, en un animador cultural, en un *coach* o en un especialista en gestión emocional. Cobrando la mitad del sueldo, eso sí.

No, no es una inocentada.

Pienso en lo genuino, en lo que nos distingue: los inefables TR, el abandono escolar, las autoridades educativas que nunca han pisado ningún aula, una enseñanza por proyectos que nadie entiende, el espantoso ridículo de los últimos resultados del informe PISA, las plazas perfiladas... Me detengo aquí. Plazas perfiladas.

Pienso en el filósofo francés Michel Foucault, en su minucioso análisis de los mecanismos de poder, los resortes de la docilidad, el servilismo... Cataluña es el único territorio del Estado en el que puedes encontrar este tipo de plazas.

Son plazas públicas que funcionan por mecanismos «privados» —algo de lo más opaco—, otorgadas por la gracia del director feudal de cada centro: entrevistas sumarias, nombramientos a dedo, caciquismo...

En los claustros de los institutos ya hace tiempo que nadie dice nada, nadie protesta, nadie levanta la voz. Y es que, en el fondo, los docentes somos agradecidos por naturaleza, por nada del mundo morderíamos la mano que nos da de comer.

No es broma

En tercero de la ESO hay alumnos que realizan la asignatura de emprendimiento.

¿Quién la imparte?

Un funcionario.

El sistema

Cuando hace casi diez años decidí ser profesor de secundaria —en la especialidad de filosofía—, ya era consciente de que el sistema educativo del país no funcionaba muy bien. Estaba al corriente de todo porque tenía conocidos que me informaban con detalle y honestidad.

La inmensa mayoría de los que trabajaban en secundaria me recomendaban que no hiciera de profesor, que buscara una alternativa, y me ofrecían un amplio abanico de argumentos. Sin embargo, en ese momento, no sé si por idealismo bobo o sencillamente porque siempre me ha gustado dar y recibir clases, no los escuché y me lancé.

Quizá pensaba, ¡alma de cántaro!, que el sistema, el omnipresente sistema, se podía enderezar desde dentro con buena disposición y buena voluntad. O quizá en ese momento me sentía en deuda con esa cosa tan etérea que llamamos *sociedad*, porque después de haber estudiado en una universidad pública y de haber podido hacer el doctorado con una beca también pública, quería que mis conocimientos —fueran muchos o pocos— prestaran algún servicio a la comunidad, más allá del servicio que me hacían a título individual como escritor, como ciudadano y como persona.

Así pues, tras años y años chocando con el sistema para intentar —¡oh, sorpresa!— hacer de profesor, para intentar que mis alumnos aprendan algo sustancial —me refiero a contenidos que vayan más allá de la educación emocional, las pantallitas y los bloques de plastilina—, me doy cuenta de que quizá tienen razón aquellos que, adictos a los percales emocionales del alumnado e incapaces de leer ningún libro —aunque después promuevan y promocionen la lectura entre los alumnos—, me dicen que la secundaria no es mi lugar (¿y cuál es, pues?), que la educación ha cambiado mucho y que los alumnos de ahora no desean lo que yo puedo ofrecerles.

Pero no es cierto que los alumnos no quieran clases intelectual y artísticamente estimulantes, al menos la inmensa mayoría de los que yo he conocido. Es importante no insultar su inteligencia, no subestimarlos, no infantilizarlos, exigirles un buen rendimiento académico desde la coherencia y la honestidad.

La prueba: cada año, durante el curso —o al terminarlo y despedirme de los alumnos, una vez ya evaluados—, siempre hay algunos que me envían correos electrónicos de agradecimiento por las clases, por la dedicación, por el mundo que se les ha abierto gracias a la filosofía. Y me ocurrió exactamente lo mismo cuando hice de profesor de lengua catalana y literatura en la privada. De hecho, desde que trabajo de profesor, cada vez que he publicado un libro tanto alumnos como exalumnos míos han asistido a alguna de las presentaciones.

Obviamente, nunca llueve a gusto de todos y seguro que habrá muchos a quienes no les gusten mis clases, mi estilo ni mi talante —incluso habrá quienes me odien con ese odio tan absurdo, tan gratuito, tan adolescente, que todos debemos de haber experimentado alguna vez—, pero el esfuerzo que yo le dedico —antes, durante y después de las sesiones— no es menor.

(Nota: Al principio me costó muchísimo encontrar la «fórmula» para transmitir conceptos complicados, a menudo abstrusos, de una manera didáctica y atractiva para que los alumnos pudieran apropiárselos, hacérselos suyos a pesar de la abstracción característica de la filosofía. En este sentido, no hace falta innovar mucho, sino adentrarse en la materia, o en la didáctica de la materia, si se prefiere.)

Recuerdo la ilusión que sentí un día de septiembre —justo el día en que se me acababa el paro— cuando me llamaron de una escuela privada para ofrecerme trabajo. Empezaba al día siguiente. Fue una ilusión similar, *mutatis mutandis*, a la que sentí cuando supe que se publicaría mi primer libro, que ya es decir.

El sueldo era indecente, insultante —unos 900 euros al mes a jornada completa—, pero me hacía ilusión. Después de años de investigar, de leer y leer, necesitaba ponerme a prueba. Necesitaba acción, dar clases, sentirme útil. La docencia me atraía y reclamaba. Al menos debía probarlo, debía dejar de tener asuntos pendientes conmigo mismo.

Actualmente me planteo cambiar de trabajo, o como mínimo combinar la docencia con otra profesión. Tengo la sensación —por no decir la certeza— de que nos han cambiado el trabajo, o de trabajo. Además del prescriptivo rol de policía, ahora debes ser una especie de animador cultural de los niños. Si no quieres problemas, debes entretenerlos con juegos, yincanas, canciones y pantallitas porque tu trabajo es vigilarlos y, sobre todo, procurar que se lo pasen en grande, que no aprendan mucho salvo a autogestionarse emocionalmente, y a veces ni eso.

Al mismo tiempo debes ser un burócrata de lo más entregado y eficiente, porque la cantidad de tiempo que perdemos haciendo gestiones administrativas no solo nos quita tiempo para dedicarnos a preparar clases —actualmente no creo que ningún profesor disponga de ese tiempo—, sino que tanto papeleo genera una extraña sensación de vacío y de nihilismo.

Añadamos también la obligación de convertirnos en comerciales de nuestras materias o asignaturas. Con la excusa de que el alumno debe diseñar su propio currículo —la versión joven del neoliberal «sé empresario de ti mismo»—, los profesores debemos «vender nuestro producto». Como es natural, los alumnos quieren aprobar y se apuntan a las materias en las que nadie suspende, a la vez que se les priva de obtener unos conocimientos que, por sí mismos, muy probablemente no obtendrán jamás.

Y para colmo, los profesores también debemos ser espléndidos psicólogos y educadores sociales infatigables. Se necesitan psicólogos y educadores sociales en las aulas

—¡a fe de caballero, que se necesitan cada vez más!—, pero los profesores no podemos asumir como labor principal una que no nos compete, o no nos debería competer. Podemos ayudar en ese aspecto, en efecto, e incluso aplicar el sentido común. Ahora bien, a mí me parece una falta de respeto para el alumnado con necesidades educativas especiales que sea precisamente el profesor —aquel que tiene que enseñarle algo— quien tenga que atenderle como psicólogo y como educador social, y más cuando no existen los recursos para hacerlo. Afortunadamente, hay gente formada en esos ámbitos y les corresponde a ellos, y no a nosotros, realizar esa tarea.

Ahora se habla mucho de la escuela inclusiva. Se habla tanto de ella que no existen ni los recursos para llevarla a cabo o hacerla efectiva. ¿El resultado? Este último curso está viniendo al instituto una chica, pobre, que da mucha pena, al menos a mí me la da... Se la ve siempre sola, sin amigos, desvalida, desatendida la mayor parte del tiempo, ignorante de todo lo que la rodea. ¿No habría estado mejor en otro sitio?

(Nota: En Twitter, @mauletaonfire escribe lo siguiente: «En segundo de la ESO yo tengo a una alumna con una capacidad cognitiva de una niña de 6-7 años dentro de un grupo de treinta alumnos. Tiene dos horas de veladora a la semana. No la podemos atender como debería. No tiene amigos/as y los profesores nos pasamos el día protegiéndola. Sería más feliz en una escuela especial».)[2]

2. Véase: <https://twitter.com/mauletaonfire/status/1766590563271209224>.

Y todo esto por no hablar de los nuevos roles del profesorado, unos roles que a mí se me escapan, tan pintorescos como el de *hacker* o el de *community manager*. El gráfico de la página siguiente se extrae de un documento reciente —año 2022— del máster de profesorado que imparte la UNIR (Universidad Internacional de La Rioja), una universidad a distancia.

Ver para creer.

LOS NUEVOS ROLES DEL PROFESOR	
EL PROFESOR COMO HACKER	Desafiando al propio sistema para que cambie y funcione mejor, dejando de lado, por ejemplo, diseños curriculares de asignaturas obsoletos. Hackeando el paradigma educativo tradicional, trabajando colaborativamente en comunidades virtuales.
EL PROFESOR COMO DJ	El profesor como creador de contenido y experiencias de aprendizaje a partir de múltiples fuentes, no mero transmisor de los contenidos de su materia, enriqueciendo las clases con miles de recursos.
EL PROFESOR COMO COMMUNITY MANAGER	De un modelo unidireccional de comunicación a uno multidireccional, por eso es importante que un profesor aprenda a gestionar comunidades de aprendizaje que resulten atractivas y emocionantes para los alumnos, pudiendo así eliminar el carácter obligatorio que resta potencial a estas herramientas.
EL PROFESOR COMO COACH	El nuevo rol del profesor pasa de ser un mero transmisor de contenidos a ser entrenador de habilidades y actitudes. Desafiando a los alumnos con retos estimulantes.

Uno de los problemas del funcionariado es que, aunque cuesta entrar, cuesta más salir. Y los docentes, no nos engañemos, somos seres acomodadizos, pájaros de jaula pequeña: una vez dentro, desvincularte no es tarea sencilla. Conozco a un buen número de maestros y profesores fatigados, desencantados o quemados que, si dispusieran de una alternativa laboral contrastada, razonablemente sólida, cambiarían de trabajo.

Pero no la tienen, por supuesto que no. Porque cuando eres joven, el sueldo y la estabilidad de la docencia son un señuelo fácil de morder —y durante un cierto tiempo, también fácil de roer—, pero al cabo de unos años, ya desengañado, es demasiado tarde para emprender de nuevo una carrera, otra profesión, otros estudios. Falta coraje, falta fuerza, falta confianza, falta dinero... falta de todo.

A mí, por suerte, me queda la alternativa de la literatura —y, eventualmente, la universidad—, los libros, las conferencias, las charlas, los artículos, los talleres de escritura... pero todo eso es precario, y a veces tengo la sensación de que se trata de una alternativa más ficticia que real, es decir, una alternativa pensada más para la vanidad que para la economía familiar.

O quizá es que sencillamente nunca me he preocupado de explorar esa vía como una opción firme, seria y solvente para suplir la docencia en secundaria y bachillerato.

Recuerdo una conversación con V. P. J. en la que le pregunté precisamente cuál había sido su experiencia a la hora de dejar la secundaria y vivir —o malvivir— de la escritura. No se arrepentía, al contrario.

Pero yo jamás he pretendido vivir de lo que escribo, así que nunca me había preocupado sacar un rédito económico —y menos laboral— de mi obra literaria.

Hace dos veranos, dadas las circunstancias, decidí cambiar de perspectiva: finalmente me abrí una cuenta de Twitter —hasta 2023 no tuve redes sociales, salvo WhatsApp—, retomé mi faceta de articulista-ensayista en *Núvol* y me marqué el sano propósito de ganarme algún dinerillo con la literatura.

Cuando empecé a ejercer de profesor, me daba con un canto en los dientes si obtenía el reconocimiento de los alumnos —«¡Ay, la vanidad, Damià!»—, al igual que cuando empecé a escribir firmaba contratos sin rendimiento económico y escribía artículos, hacía colaboraciones y aceptaba encargos sin cobrar.

«¡Ay, la vanidad!»

Actualmente, la cosa ha cambiado bastante. Ahora ya no me basta con el reconocimiento sincero de los alumnos. Por mucho que aprendan, por mucho que mejoren, mi poso de amargura hacia el sistema, hacia unas autoridades educativas mediocres y negligentes —o directamente malintencionadas—, persiste, al igual que persisten la fatiga, el aletargamiento, el estupor de ver cómo día tras día, año tras año, el disparate educativo se hace cada vez más grande y es imposible de enderezar.

Disparate

Este es el término clave: disparate. O, para ser más precisos, disparate educativo.

Los docentes tenemos tan cerca ese disparate, lo vivimos —y lo sufrimos— tan a flor de piel, que lo hemos normalizado. Supongo que es una cuestión de supervivencia. Ya lo dicen, que los humanos somos una especie con una gran capacidad de adaptación y que nos acabamos amoldando a todo.

El otro día, por ejemplo, volviendo de las vacaciones de Navidad, en una hora no lectiva salí a patrullar por el instituto y, de vuelta a la sala de guardia, me encontré a un chico de unos doce o trece años sentado tranquilamente en una de las sillas. Parecía inofensivo —de hecho, todos lo parecen—. Le pregunté si estaba allí porque no se encontraba bien o porque lo habían expulsado.

Lo habían expulsado.

A pesar de ser un chico de pocas palabras, no me supo contestar en catalán y enseguida cambió al castellano, como tantos otros que no poseen ni unos mínimos conocimientos de catalán, aunque la mayoría de los catalanohablantes de este país —los que no se dedican a la docencia, claro— prefieren seguir creyendo en el mito de la inmersión lingüística.

(Nota: Conozco a un filólogo, un buen filólogo, que trabaja dando clases de catalán en un instituto de Santa Coloma de Gramenet y siempre me dice lo mismo: que allá, en Santa Coloma, los chavales aprenden catalán como aquel que aprende latín, como si se tratara de una lengua muerta.)

El alumno estuvo en la sala de guardia sin hacer nada, faltaría más, y al oír el timbre del cambio de hora, se marchó como un cohete sin decir ni mu. Mi compañera en la sala de guardia, profesora de catalán, me preguntó en voz baja, casi susurrando, cómplice:

«¿Sabes quién es ese?».

Ni idea. No era alumno mío y no lo tenía fichado.

«Es el que le propinó dos puñetazos al jefe de estudios.»

Ni siquiera sabía que le habían agredido. Me supo mal; siempre me sabe mal. Pero he de reconocer que, en ese momento, supongo que a raíz de la normalización del disparate, la agresión a un jefe de estudios no me sorprendió lo más mínimo. Ni siquiera me sorprendió que el alumno siguiera en el instituto tan campante. Ya hace tiempo que me di cuenta de que, en este país de progresía e innovación educativa, las agresiones al profesorado salen muy baratas. Me sorprendió, eso sí, la talla física del niño, su escaso tamaño.

«¡Pero si es un canijo!», se me escapó.

En efecto, el niño no llegaba al botón del ascensor. La frente debía de llegarle, a lo sumo, a la altura del ombligo del jefe de estudios, un hombre corpulento de un metro noventa. Pese a la envergadura del jefe de estudios, el niño fue capaz de asestarle dos puñetazos con toda la intención del mundo, para hacerle daño.

¿Qué disparate?

Los que nos dedicamos a la filosofía sabemos que las realidades más obvias, aquellas que tenemos delante de las narices, las más cotidianas, las más banales, a menudo son las que cuestan más de ver. Son las más difíciles de detectar, analizar y más aún de contar o comunicar.

Es lo que ocurre con el «disparate educativo».

No es que sea un ser o un objeto, un ente que podría

ser mayor o menor, crecer o decrecer. Hay que concebir el disparate educativo como un medio, una especie de atmósfera viciada —muy viciada— que los docentes respiramos constantemente.

A veces, al inicio del curso, pongo en marcha la asignatura de filosofía contando a los alumnos aquel cuento del escritor norteamericano David Foster Wallace en el que dos peces jóvenes nadan río abajo y de repente se cruzan con un pez más viejo, más experimentado, que nada río arriba, a contracorriente. Ante la estupefacción de los dos peces jóvenes, el viejo los saluda y les pregunta, pícaro, antes de perderlos de vista:

«¿Qué, chicos, cómo está el agua hoy?».

Los dos peces jóvenes, perplejos, se miran y se preguntan: «¿Qué agua? ¿Qué es el agua?».

Karamba

A muchos profesores jovencitos, al igual que a los peces, les cuesta detectar el «agua» en la que viven y respiran, sobre todo si son ingenuos y llegan al instituto motivados, creyendo que harán grandes cosas o que «salvarán» a unos cuantos alumnos con su talento natural, esfuerzo y carisma. Todos hemos pasado por ahí.

Cuando empiezas, hay demasiados estímulos en el ambiente, demasiado ruido, tienes demasiado trabajo para analizar el medio y sacar conclusiones. Es como cuando aprendes a conducir. Tienes que estar pendiente de mil cosas: que si la carretera, que si los otros coches, el cambio de marchas, las luces, los intermitentes... pierde uno la cabeza.

Sin embargo, en cuanto coges algo de maña, puedes empezar a disfrutar de la experiencia —o no— y analizar la situación con más calma. Y es aquí donde suelen aparecer los problemas. ¿Qué haces ante las evidencias? ¿Niegas la realidad de las aulas y finges que todo va bien, o razonablemente bien? ¿Arrimas el hombro y te convences de que la educación mejorará? ¿Sucumbes al desánimo y vas tirando? ¿O te dejas seducir, tal vez, por el sarcasmo y la ironía, como medida de supervivencia?

En la década de los sesenta, el psicólogo Martin Seligman habló de la indefensión aprendida a raíz de sus experimentos con animales. Es una indefensión que tiene que ver con la impotencia o desesperanza que desarrollamos al experimentar una situación injusta que está fuera de nuestro control, que no podemos cambiar a pesar de los esfuerzos. Al cabo de un tiempo de sufrir una situación así, nos volvemos dóciles y ya no hacemos nada para cambiar o revertir la situación, nos rendimos mental y físicamente, tiramos la toalla.

Es lo que ocurre con el disparate educativo y la consiguiente normalización de la mentira y la violencia. Estamos tan habituados que ni siquiera nos sorprendemos: las agresiones verbales de los alumnos —y de los padres— al profesorado ya forman parte del *pack* de trabajo. Muchas agresiones físicas ni siquiera se denuncian: neumáticos pinchados, alumnos que suspenden y acaban aprobando por orden del inspector... ¡Ah, los inspectores! No me olvido, no: cada año debemos acabar aprobando a algún alumno por orden del inspector de turno.

Los profesores hemos interiorizado normas y leyes tan absurdas —por ejemplo, que un dos o un tres en un examen son, en el fondo, un cinco—, hemos normalizado tanto la mentira institucional —al inicio del curso hacemos unas programaciones de cara a la galería fantásticas, imposibles de cumplir— que cuesta una barbaridad tomar distancia cognoscitiva del medio en el que vivimos y trabajamos.

Obviamente, hay que salir de ese medio y tomar distancia, al menos de vez en cuando, por salud mental y dignidad. Es necesaria una *ruptura epistemológica* con el medio. Por eso yo decidí colgar, en la sala de profesores, pequeños carteles de maestros espirituales, curanderos o gurús varios —de los que encuentras en medio de la calle o en el parabrisas del coche— para que el profesorado se inspirara. Quería que los profesionales de la docencia experimentaran una ruptura epistemológica.

MAESTRO KARAMBA

GRAN ASTRÓLOGO, CIENTÍFICO, ESPIRITUALISTA

Y CURANDERO AFRICANO DE CONFIANZA

Gran Vidente Especialista en todo tipo de Problemas y Dificultades

PROBLEMAS MATRIMONIALES – SENTIMENTALES

RECUPERACIÓN DE PAREJA – AMARRES

ATRAER PERSONA QUERIDA, AMOR, IMPOTENCIA SEXUAL,

SUERTE EN EL TRABAJO, EN LOS NEGOCIOS, EXÁMENES

ATRAER CLIENTES (COMPRAVENTA)

MANTENER PUESTO DE TRABAJO

PROTECCIÓN VIDA DE FAMILIARES

QUITAR MAL DE OJO Y MALEFICIOS, POTENCIAR LA SEXUALIDAD

EL PROFESOR KARAMBA ARREGLA COSAS MUY DESESPERADAS

CON RAPIDEZ Y RESULTADOS POSITIVOS Y GARANTIZADOS EN 7 DÍAS

TEL. 722 51 63 39

Karamba lleva ya más de medio año presidiendo la pizarra de la sala de profesores, junto con el maestro Usou y el vidente Goundo.

Nadie se ha atrevido a despegarlos por el momento.

Lo único que me sabe mal de estos pequeños carteles es que no los vea el inspector de zona: cuando pasa por el instituto, nunca pisa la sala de profesores.

Cocinitas de juguete

Ahora mismo tengo serias dudas —y no lo digo con ironía ni sarcasmo— de que los folletos de los maestros Karamba, Usou y Goundo sean mucho menos científicos que gran parte de la actual legislación educativa o muchos de los cursos de formación a los que las autoridades educativas nos someten —o nos sometemos los mismos docentes— curso tras curso. Por ejemplo:

¿Qué es el curso de Superbrain Yoga?[3]

El Curso de Superbrain Yoga o Yoga del Super Cerebro **va dirigido a todas aquellas personas que necesitan incrementar la energía del cerebro:** estudiantes, universitarios, profesores, empresarios, niños y jóvenes, personas de edad avanzada...

3. Véase: <http://www.aulaconscient.com/curso-de-superbrain-yoga/>. Aunque el Departamento de Educación de Cataluña reconoce la validez de este tipo de cursos, en la página web de esta empresa no he conseguido encontrar ninguno redactado en catalán.

El curso nos presenta cómo a través de unos ejercicios simples y sencillos podemos proveer de «gasolina energética» al cerebro para mantenerlo sano y funcional, contrarrestando así los efectos propios del envejecimiento y la pérdida de memoria o la prevención de la demencia o de la enfermedad de Alzheimer.
(Del libro *Yoga del SuperCerebro*)

Duración: 4 horas
Presencial
Aportación: 60 €
Requisitos: ninguno

Son cursos voluntarios, dicen. Por si quieres obtener puntos, por si quieres sacarte unas oposiciones, por si quieres estar al día, por si quieres optar a algún cargo... No puede uno decir que no sirvan para nada.

Yo hace años que no voy a estos cursos, desde que me saqué las oposiciones y me da igual quedar bien o mal con la Administración. Ventajas de ser funcionario. Pero de vez en cuando no puedo resistir a la tentación y echo un vistazo a la oferta formativa con la vana esperanza de que ofrezcan algún curso que tenga que ver —aunque sea indirectamente— con mi materia, o con la didáctica de mi materia. Pero nada, nunca encuentro ninguno.

Encuentro, eso sí, cursos de *mindfulness*,[4] de yoga o de *coaching* en el aula.[5] De estos, tantos como quieras.

4. Véase: <https://somdocents.com/cursos/mindfulness-a-l-aula>.
5. Véase: <https://www.doqua.cat/curs/coaching-per-a-docents/>.

Y de otros, hay para dar y tomar: de *reggaeton*, de inteligencia emocional,[6] de inteligencias múltiples,[7] de felicidad en el aula,[8] de altas capacidades,[9] de talleres con barro,[10] de terapias con flores y colores, de educación emocional, de coeducación emocional, de educación por proyectos... incluso hay seminarios con una base científica más bien débil, por decirlo suavemente, como la pedagogía sistémica y las constelaciones familiares.[11]

No estoy en contra de que la gente haga este tipo de cursos, en absoluto. Que cada uno haga lo que considere conveniente, y más si debe servir para cobrar un sexenio. Lo que me preocupa es que, con la excusa de la «formación continua» de los docentes, me los hagan hacer a mí. Porque, cuando la gente reclama que los funcionarios pasemos controles de calidad en relación con nuestra formación, ¿de qué formación estamos hablando? En todos los años que hace que me dedico a esto, el sistema nunca ha tenido en cuenta todos los libros que leo a lo largo de un curso académico, y menos el hecho de que leo el periódico cada día, en papel, un periódico

6. Véase: <https://fundaciovincles.cat/curs/intel-ligencia-emocional/>.

7. Véase: <https://somdocents.com/cursos/treballar-l-atencio-a-la-diversitat-mitjancant-les-intelligencies-multiples>.

8. Véase: <https://www.prisma.cat/cursos/cercant-felicitat-aula-autoconeixement-docents>.

9. Véase: <https://www.prisma.cat/cursos/alumnat-altes-capacitats-resposta-educativa>.

10. Véase: <https://www.prisma.cat/cursos/enfangat-taller-aula>.

11. Véase: <https://serveiseducatius.xtec.cat/badalona/portada/constel%C2%B7lacions-familiars-sistemiques/>.

que debo comprar yo mismo porque en el instituto ya hace tiempo que no hay ninguno; la actualidad no nos interesa demasiado, por no decir nada. ¿Y si los profesores tuviéramos la oportunidad de realizar un test o un examen de actualidad —o de cultura general, por decir algo— para acreditar una formación continua autodidacta? Lo digo porque, entre los compañeros de profesión, a menudo te encuentras con casos de gente que no lee libros, ni periódicos ni nada, y que difícilmente te saben decir qué país hace frontera con Estados Unidos por el sur o quién es el papa de Roma actual. Y no exagero. Entonces te topas con alumnos de bachillerato que, aparte de no leer jamás, te responden barbaridades cuando les haces preguntas de lo más básicas.

Este último curso, por ejemplo, al introducir la figura del filósofo David Hume en segundo de bachillerato, me encontré con una alumna que no solo no sabía dónde estaba Edimburgo —ni siquiera el continente en el que se encuentra—, sino que ¡no sabía que se trataba de una ciudad!

Además, todos estos cursos y cursillos que te sirven para acumular puntos y acreditar tu competencia de *formación continua* ante la inefable autoridad educativa son de una exigencia discreta, por decirlo en el argot periodístico, sobre todo los cursillos en línea: pagas, haces acto de presencia virtual, entregas cuatro trabajos de poca monta —da igual la calidad, da igual el rigor— y ya tienes el «título». De hecho, no conozco a nadie que, habiendo entregado los trabajos, haya suspendido alguno de esos cursos. El nivel de exigencia es mínimo-mínimo, de lo más miserable.

El sistema tiene en cuenta la *formación continua* del profesorado siempre que el mismo sistema haya dictaminado previamente —sin ningún tipo de criterio riguroso, objetivo o ni siquiera razonable— qué puede considerarse formación continua y qué no. Fin de la cita.

Cuando yo todavía me apuntaba a cursos de formación, hice uno sobre aprendizaje por proyectos. Sesenta horas. Algo me quedó claro al hacer ese curso: la metodología por proyectos, si se quiere hacer bien hecha, requiere muchas horas de formación, preparación y coordinación entre el profesorado.

Actualmente, a raíz de la aprobación de la enésima ley de educación, la LOMLOE, se supone que todas las escuelas e institutos deberíamos estar implementando esta «nueva» metodología, tanto si a los profesores nos gusta como si no.

(Nota: El trabajo por proyectos tiene más de cien años de historia.)[12]

Ahora bien, aunque el trabajo por proyectos requiere, si se quiere hacer bien, una cantidad ingente de horas de preparación y coordinación, resulta que los profesores no disponemos de esas horas. Es decir, tenemos las mismas horas lectivas que antes, las de siempre, las que hemos tenido con las nueve leyes educativas de la democracia —LGE, LOECE, LODE, LOGSE, LOPEG, LOCE, LOE, LOMCE y LOMLOE—, pero con el añadido imposible de los proyectos.

12. Los orígenes del trabajo por proyectos debemos buscarlos en la figura del filósofo y pedagogo norteamericano John Dewey (1859-1952), que teorizó sobre esta forma de enseñar y aprender durante el primer tercio del siglo xx.

Resultado: el trabajo no sale de ninguna de las maneras y los alumnos acaban haciendo un proyecto del proyecto del proyecto. El colegio se convierte en un espacio de ocio y recreo perpetuo, un patio-ludoteca continuo en el que, lejos de aprender nada sustancial, los alumnos pierden el tiempo miserablemente. Eso sí, suelen volver a casa contentos, con una sonrisa incrustada en la cara.

Y es que con esta «nueva» metodología —pero sin las horas necesarias para implementarla—, es como si los profesores jugáramos a ser cocineros pero, en vez de cocinar con una cocina de verdad, con utensilios reales y alimentos comestibles, lo hiciéramos con una cocinita de juguete, de esas de plástico como las que los críos suelen pedir para Reyes... Si los Reyes cumplen, los críos juegan un par de días y, luego, la cocinita se queda allí olvidada, en pleno pasillo, descolorida por la luz del sol, inservible, estorbando lo máximo posible.

Espirales y círculos

De la «nueva» metodología a los nuevos horarios: tercero y cuarto de primaria de una escuela pública normal y corriente.

Al ver estos horarios tan chulos y con una decoración tan vegetal a ambos lados, he pensado que las épocas cambian.

En mi época, los horarios todavía tenían materias: castellano, sociales, naturales, matemáticas... Pero hoy las materias han sido sustituidas por las propuestas, las espirales y los círculos, y un chiste verde debe ser una facecia sostenible, ecológica, respetuosa con el medio ambiente.

Horario con el siguiente texto:

Horario M3 2022-2023

HORA	LUNES	MARTES	MIÉRCOLES	JUEVES	VIERNES
8:50-9:20	CÍRCULO	CÍRCULO	CÍRCULO	CÍRCULO	CÍRCULO
9:20-10:05	ENGLISH	DIGITAL / BIBLIO	ESPIRAL	PROPUESTAS	ESPIRAL/HUERTO
10:05-10:50	E. F.	ENGLISH	VALORES / RELIG	PROPUESTAS	ENGLISH
10:50-11:20	**PATIO**	**PATIO**	**PATIO**	**PATIO**	**PATIO**
11:20-12:20	PROPUESTAS	M. DE AULA	MÚSICA	E. F.	VALORES / RELIG
12:20-14:50	**ALMUERZO**	**ALMUERZO**	**ALMUERZO**	**ALMUERZO**	**ALMUERZO**
14:50-15:35	ESPIRAL	PROPUESTAS	MOMENTO	TALLERES	MOMENTO
15:35-16:20	ESPIRAL	PROPUESTAS	DE AULA	TALLERES	DE AULA

No sé exactamente en qué consisten esos «círculos» y esas «espirales», ni tampoco las «propuestas». Nunca he conseguido averiguarlo: cuando alguien me lo intenta explicar, el discurso es siempre emotivo y sugerente, de lo más coloreado, pero siempre muy vago, muy poco definido y matizado, sin perfiles acotados ni un mínimo de rigor. Eso sí, no tengo ninguna duda de que las espirales, los círculos y las propuestas van en la línea de lo que ahora se llama *educación emocional*, una especie de cajón de sastre —o de etiqueta vacía— que consiste, por un lado, en hacer creer a los niños y adolescentes que la empatía es la clave para solucionar todos los conflictos, problemas y males del mundo, sean cuales sean y vengan de donde vengan; y, por otro lado, en la manifestación pública —a menudo poco pudorosa— de cualquier tipo de emoción, sencillamente por el mero hecho de tratarse de una emoción, como si las emociones no tuvieran que pasar por ningún filtro y mucho menos el filtro de la razón, la gran olvidada de la educación actual.

Este hecho, el olvido de la razón y la entronización de las emociones en la educación actual, me hace pensar en una serie de éxito de dibujos animados, *Miraculous*, que mis hijos ven de vez en cuando y que tiene lugar, precisamente, en un instituto de París. En la serie, la educación emocional transmitida a los niños y adolescentes se basa en la creencia —una creencia de lo más irracional, improductiva e insensata— de que nosotros no somos responsables de las emociones negativas —o al menos socialmente consideradas negativas, como la ira, la envidia, la rabia o la cólera— que sentimos y que tal vez nos «secuestran».

Entre los dos protagonistas adolescentes, Marinette y Adrien, se establece una explícita y grosera tensión sexual no resuelta, basada en el desconocimiento mutuo de sus identidades heroicas secretas, Ladybug y Cat Noir. El malvado de la serie, un ser disfuncional y torturado psicológicamente, incapaz de aceptar la muerte de su mujer, no es ni siquiera malo o malvado: es un hombre desgraciado, amargado, muy rico y muy famoso, un diseñador de moda que hace el mal de manera naíf, por «una buena causa»: resucitar a su amada esposa (se supone que antes de perderla era un ser encantador, psicológicamente estable y emocionalmente equilibrado) y volver a ser una familia no disfuncional junto a ella y su hijo adolescente. El villano guarda a la mujer incorrupta en una especie de ataúd de cristal, ¡rodeada de flores!, y le habla a menudo al cuerpo inerte, aunque eso no le impide consolarse con su secretaria...

De hecho, es fácil compadecerle. Y lo es porque se trata de un producto de las *happycracias* occidentales contemporáneas: todo él es una coartada idónea para, por un lado, negar la responsabilidad de nuestras acciones, y por otro, ocultar la posibilidad del mal real, el mal que se hace sin motivo, el mal puro, arbitrario, azaroso y perverso.

Así, en la serie el mal siempre viene de fuera y es perfectamente visible, evidente y chapucero. Las emociones negativas enseguida se convierten en un espectáculo y son siempre vividas como algo ajeno que no forma parte de la identidad de nadie. De este modo, los dos adolescentes protagonistas son los héroes de las sociedades de ahora, utopías emocionales amnésicas, refractarias a las frustraciones y contradicciones inherentes a cualquier vida humana, utopías psicologistas rebosantes de buenas intenciones, buenos sentimientos y catálogos de deseos, siempre inmaculados.

Pura pornografía emocional que me recuerda a la escena que tuve que presenciar un día a la hora del patio: de repente, una muchedumbre de alumnos de la ESO se reunió de forma «espontánea» en torno a una pareja de adolescentes —debían de tener doce o trece años— para observar, comentar, vitorear y aplaudir la puesta en escena de una ruptura sentimental convertida en espectáculo.

Es fin de semana. Por la mañana, me acerco al quiosco a comprar el periódico y al salir me encuentro con A. V., activista independentista y director de un centro de alta complejidad.

(Nota: *Centro de alta complejidad* es un eufemismo para referirse a un instituto complicado o conflictivo, con una alta proporción de alumnos de familias inmigrantes.)

Será por sus fuertes convicciones religiosas, pero siempre que hablo con esta persona tengo la sensación de que él en la escuela tiene una misión, mientras que yo no tengo ninguna. Durante la conversación, este hecho remarca y subraya que a mí me falta una misión (una misión educativa, se entiende), lo cual me incomoda un poco y me hace estar en tensión.

Por otro lado, él formó parte del tribunal de oposiciones que me otorgó el privilegio de convertirme en funcionario —de hecho, lo conozco a raíz de las oposiciones— y eso todavía me hace sentir más incómodo.

(Nota: ¿Me aprobarían ahora en las oposiciones?)

En las escuelas y los institutos, a menudo te encuentras con lo que podríamos llamar *los motivados*. Son gente que, por motivos insondables, sienten un irrefrenable compromiso con el trabajo y se pasan horas y horas en la escuela o el instituto, más de las necesarias. Hacen mucha vida social y suelen pensar que tú eres como ellos, o que deberías serlo, por lo que tienden al sectarismo. Se dan jabón entre ellos y les gusta convocar reuniones y alargarlas tanto como pueden, adoran las excursiones con alumnos, las comidas con compañeros de trabajo, las cenas con compañeros de trabajo, las salidas de fin de semana con compañeros de trabajo, y siempre quieren hablar de los alumnos, sobre todo de los chismes de los alumnos, como si susurraran, como si vivieran una segunda adolescencia al hablar de los amores y desamores de los alumnos. De hecho, no saben hablar de otra cosa. Por eso les gusta tanto ocupar tutorías y coordinaciones, aunque después tengan demasiado trabajo y no lleguen a todo. Entonces se sienten víctimas del sistema y aún refuerzan más su cohesión de grupo.

Pero, claro, una cosa es ser un motivado, un adicto al sistema, y la otra es tener una misión que supera cualquier estándar de razonabilidad. Cuando hablas con A. V., ya ves que no te escucha, o que te escucha selectivamente, de esa manera, y en cuanto puede habla de lo suyo, imperturbable.

Hoy le he dicho que yo no la quería, una Cataluña independiente, si quienes nos deben gobernar son los mismos que desde hace tantos años dirigen impunemente el *Departament d'Educació*.

Ante las innegables evidencias de que los catalanes vivimos en las nubes a nivel educativo, de que nos encontramos a la cola de España y de que no hay señales de mejoría, sino al contrario, me ha dicho:

«La cuestión de la educación debería separarse de la independencia».

Y se ha quedado tan ancho, como si esa separación fuera posible, como si la conducta del *Departament* no tuviera nada que ver con la idiosincrasia catalana. Pensamiento mágico, lo llamo yo. En las clases, sobre todo en las de filosofía, siempre trato de poner ejemplos que ayuden a concretar lo abstracto, intento «bajar la filosofía del cielo a la tierra», tal y como diría un socrático, precisamente para evitar este tipo de pensamientos mágicos.

He aquí un ejemplo de nuestra singularidad educativa, con o sin independencia:

Un alumno de segundo de bachillerato realiza un TR (recordemos que este trabajo solo existe en Cataluña e Islas Baleares) sobre la obra artística de un pintor local. Este alumno, cuyos resultados académicos son justitos y tiene serias dificultades para redactar y expresarse con coherencia, presenta un trabajo de una exquisitez lingüística que hace saltar todas las alarmas. Además, el tutor del trabajo, que ha realizado su seguimiento durante un año, se da cuenta de que el trabajo es una copia prácticamente idéntica de la principal fuente bibliográfica, una autoedición del padre del alumno sobre la obra de este pintor local.

Por consiguiente, hay sospechas suficientemente fundadas de que el alumno ha copiado del libro escrito por su padre y quiere hacer pasar el trabajo por una investigación propia.

Llegados hasta aquí, parece obvio que, una vez presentadas las pruebas que le «incriminan», este alumno quedará suspendido y tendrá que volver a hacer el trabajo; un trabajo que, cabe recordarlo, vale un 10 por ciento de la nota de bachillerato y, por lo tanto, tiene un peso importante en la nota final de acceso a la universidad.

Al día siguiente de comunicar al alumno la situación —se trata de un chico ya mayorcito, de unos diecisiete o dieciocho años—, el padre llama a la escuela, indignado.

«¡Mi hijo ha sido acusado injustamente de plagio! ¿Cómo se atreven?»

En vez de avergonzarse de la intervención del padre, el muchacho se refugia bajo el paraguas protector y se convierte en un actor pasivo de todo el conflicto. El padre pide, exige, una visita con el tutor del trabajo y el jefe de estudios.

Se le concede la visita.

El tutor del trabajo y el jefe de estudios le presentan las pruebas.

El padre alega que el libro que el alumno ha utilizado fue escrito por ambos, padre e hijo (un libro escrito a cuatro manos), y por lo tanto no puede ser plagio de ninguna de las maneras, porque el hijo es coautor.

Sin embargo, en este libro no consta que el alumno-hijo haya participado. No lo dice en ninguna parte. Es un detalle menor sin importancia, según el padre, y defiende la validez del trabajo de forma muy beligerante, incluso agresiva. Mientras tanto el hijo, silente, deja que el padre le saque las castañas del fuego.

Al final, se llega al acuerdo de que todo ello se revisará. Y el padre se marcha con la amenaza de que, si el asunto no se resuelve —a favor de él, claro, y también de su hijo—, elevará la queja a inspección.

Al día siguiente, el instituto habla con el alumno y le dice que, si realmente él es el autor del trabajo, no debería tener ningún inconveniente en responder unas cuantas preguntas sobre el mismo. Cero sorpresas: el alumno-hijo-coautor del libro se contradice, no da información correcta ni precisa y muestra lagunas sobre muchas partes del trabajo. Eso sí, repite con todo lujo de detalles las consignas que le habrá dado su padre y se niega a apearse del burro.

«Este trabajo no es un plagio y no lo podéis demostrar.»

Volvemos a hablar con el padre y le exponemos que su hijo no ha sido capaz de defender, ni mucho menos, el pleno conocimiento del trabajo. El padre, muy indignado, nos acusa de coaccionar al hijo, de ponerlo nervioso expresamente para que falle y de generarle estrés y angustia. Repite la misma cantinela de siempre, el mismo mantra:

«No podéis demostrar que sea un plagio».

Y he aquí que, después de meditar largo y tendido y de debatir mucho entre compañeros, se llega a la triste conclusión de que, hagamos lo que hagamos, perderemos. Si le suspendemos, la queja a inspección acabará decidiendo a favor del padre porque, por defecto, este tipo de quejas da la razón a las familias, y más si se nos acusa de «traumatizar» al chico. Miedo debería darte todo el revuelo que supone un trámite como este. Además, el alumno no habrá aprendido nada de lo que significan la autonomía, el esfuerzo y la integridad. Por otro lado, si lo aprobamos no tendremos revuelo, pero habremos fracasado estrepitosamente a la hora de educar a un futuro ciudadano en los valores de la autonomía, el esfuerzo y la integridad.

Resolución: ya que tanto si hacemos una cosa como la otra saldremos perdiendo, y se nos acumulan los conflictos, lo aprobamos con un cinco raspado y nos lavamos las manos.

TR aparte, otro rasgo propio de este sistema es que, a la hora de diseñar currículos y políticas educativas, nos fiamos más de pedagogos que nunca han pisado un aula que de los maestros y profesores que están ahí cada día.

Estos pedagogos, con el inestimable apoyo del *Departament* y las fundaciones compinches —por ejemplo, la Fundación Bofill o la Asociación Rosa Sensat, ambas privadas—, se han convertido en unos seres infalibles cuyas teorías no necesitan ser contrastadas ni validadas. Pese a sus castillos en el aire, no deben dar ningún tipo de explicación a nadie —aún menos a los docentes— porque ellos y sus extravagantes teorías se encuentran más allá del bien y del mal.

No hace mucho mantuve una «conversación» con un pedagogo de estos: en Twitter, es conocido por bloquear sistemáticamente a cualquier docente descreído que recele de sus inaplicables teorías.

Damià: ¿A mí me tienes bloqueado o puedo preguntarte qué experiencia tienes como profesor de primaria o secundaria? Soy profesor de filosofía en la pública. Gracias.

Pedagogo: ¿Te sientes reflejado en el texto?

[Se refiere a un artículo suyo publicado en la revista digital *Viento Sur*.]

Damià: No mucho. Pero me gustaría que me contestaras la pregunta.

Pedagogo: ¿Tienes formación en pedagogía?

Damià: El máster de educación, algunos cursos de

formación, lecturas dispersas y la experiencia del día a día en el trabajo.

Pedagogo: En resumen, no tienes.

Damià: ¿Me podrías contestar, sin embargo, la pregunta que te he hecho? Es una pregunta muy sencilla.

[...]

Damià: Perfecto. Ya veo que no me vas a contestar. Gracias por nada.

Pedagogos como este suelen ser los encargados de garantizar la «formación continua» del profesorado. Si yo tuviera que hacer una propuesta —ya que dicen que los profesores no podemos quejarnos si no aportamos nada en positivo—, quizá pediría al *Departament* que, a la hora de acreditar nuestra formación continua, tenga en cuenta libros como este, como el que estás leyendo ahora mismo, querido lector. ¿Acaso los docentes no debemos predicar con el ejemplo si queremos transmitir «pensamiento crítico» a los alumnos? ¿No se nos pide esto, actualmente?

En la web de la Asociación de Maestros Rosa Sensat, todo un referente del lobismo en Cataluña, junto con la Fundación Bofill, leemos: «Una escuela que emancipa, una educación del pensamiento crítico para hacer frente al adoctrinamiento».

Pues venga, Damià, haz la carta a los Reyes, hazlo público y notorio: quiero que el *Departament* me reconozca como formación continua mi «espíritu crítico». Si no lo hace, tal vez empiece a sospechar que al *Departament* solo le interesa el sentido crítico que desconfía del adoctrinamiento de los demás, no del propio.

Parábola

He aquí una escuela con un patio. En el patio hay un banco, y ese banco es de color rojo. El banco es tan rojo que sería absurdo negar que es del color que es. Rojo sangre, rojo chillón, rojo llamativo.

Un buen día, llega una notificación de las Autoridades Educativas que hace referencia al banco-rojo-de-toda-la-vida. La notificación dice, explícitamente, que los bancos de color rojo no existen.

«Será un error», piensan en la escuela.

En la siguiente notificación, las Autoridades Educativas aluden al banco-rojo-de-toda-la-vida como un banco de color amarillo. En la escuela no entienden nada. Lo atribuyen a que las personas que redactan esas notificaciones nunca han pisado la escuela y, por lo tanto, no saben de qué color es el banco-rojo-de-toda-la-vida, su banco.

Cuando reciben una tercera notificación refiriéndose, también explícitamente, al banco de color amarillo, deciden ponerse en contacto con las Autoridades Educativas para informarles de que se equivocan: su banco es de color rojo, siempre ha sido rojo, y les envían una foto para que corrijan el error.

Respuesta: «El banco es amarillo».

Ojipláticos, desde la escuela deciden redactar una nueva carta para invitar a las Autoridades Educativas a visitarla y comprobar *in situ* que el banco del patio es de color rojo.

Respuesta: «El banco es amarillo».

Como la realidad-oficial contrasta demasiado con la realidad-real, crece la inquietud en la escuela. Desde el centro piden a las Autoridades Educativas que vengan, por favor, a pintar el banco de color amarillo.

Respuesta: «El banco ya es amarillo».

Hay inquietud. Ahora piden a las Autoridades Educativas que, como mínimo, les envíen brochas y pintura de color amarillo, que ellos mismos, los docentes que trabajan en el centro, se encargarán de pintar el banco rojo de color amarillo. Si es necesario, incluso harán horas extras.

Respuesta: «El banco ya es amarillo».

Están desesperados. La realidad-oficial contrasta demasiado con la realidad-real y la situación resulta insostenible. Hacen un último intento: piden permiso a las Autoridades Educativas para destinar parte de su propio presupuesto a comprar pintura amarilla y pintar ellos mismos el banco.

Respuesta: «Permiso denegado».

Fin de la parábola.

Urgencias

A los docentes nos cuesta hacernos entender cuando relatamos nuestra situación, cuando la hacemos pública. A menudo pienso que quizá necesitaríamos disponer de un gabinete de prensa o de un departamento de comunicación y *marketing* —o sencillamente de un colegio profesional, que no tenemos— porque siempre que nos quejamos, vamos a la huelga o nos manifestamos, la protesta de inmediato queda encuadrada —no sé exactamente cómo ni por qué— en un marco de reivindicaciones gremiales y prerrogativas laborales extemporáneas.

Y no hay más discusión: una vez planteamos así las cosas, ¿quién quiere empatizar con un profesor que dispone de tres meses de vacaciones al año, trabaja de lunes a viernes, tiene trabajo garantizado y jornada intensiva? ¿Quién se presta a ponerse en su piel, con la precariedad generalizada?

La profesión es un desprestigio y los docentes ya tenemos perdida de entrada la batalla por el relato, usando la jerga de los posmodernos.

(Nota: Los sindicatos, en este sentido, son muy poco hábiles.)

¿Qué hay que hacer, pues? ¿Qué debemos hacer los docentes si los discursos oficiales y hostiles de las autoridades educativas y sus fundaciones amigas no tienen nada que ver con la realidad que encontramos, tenemos y sufrimos en las aulas? ¿Qué pasa con el banco-de-color-rojo cuando te dicen de forma sistemática que es amarillo sin ni siquiera haberse dignado a mirarlo? ¿Es ignorancia o cinismo?

Esta pregunta, si es ignorancia o cinismo, me la planteo a menudo —desde que empecé a trabajar de profesor— y todavía no tengo respuesta. Uno hace todo lo posible para que sus alumnos aprendan algo relevante y de provecho, se desloma para intentar explicar filosofía a adolescentes, para hacerlo concreto, ameno, significativo, y constantemente se topa con una palabrería burocrático-pedagógica del todo ininteligible. Verbigracia:

> El DUA es un modelo que facilita el marco de referencia para la creación de contextos de aprendizaje en los

que se proporcionan múltiples formas de presentar la información, múltiples modos de acción y representación y múltiples modos de comprometerse.[13]

O este otro, extraído de la página 6 del documento de la Generalitat de Cataluña *Educación básica. Competencias transversales. Competencia personal, social y aprender a aprender (CPSAA)*, un documento que, siguiendo estrictamente la ley, debería ser la guía metodológica y existencial de los docentes de este país:

> 5.2 Prever de forma ordenada acciones con andamios, o *scaffolding* (listas de comprobación, bases de orientación, conversación...), para enfrentarse a los retos de aprendizaje propuestos usando los procesos de metacognición.[14]

«Procesos de metacognición, cognición, nición, ción...»

Y esto por no hablar del sinfín de siglas con las que constantemente chocamos los docentes; estoy convencido de que no hay ser humano en el mundo —docente o no docente— con capacidad suficiente para retenerlas todas:

ULAE, PI, DI, DIL, NEE, NESE, USE, LOE, LOGSE, LOMCE, LOMLOE, PEC, PAT, PCC, NOFC, SCAP, AAA, AIS, CAD, PIM, SIEI, SIAL,

13. DUA: Diseño Universal para el Aprendizaje. Todo el texto se encuentra disponible en la web oficial del Departamento de Educación: <https://xtec.gencat.cat/ca/curriculum/diversitat-i-inclusio/projectes-educatius-inclusius/disseny-universal-per-a-laprenentatge>.

14. Véase: <https://xtec.gencat.cat/web/.content/curriculum/Competencies_CPSAA.pdf>.

UEC, UME, USEE, EVO, EAP, CRP, CRETDIC, CESIRE, LEC, TIC, TAC, UAC, DM, DS, TC, TEA, TMG, NISE, EO, TEI, TIS, PEE, ZER, TA, TDH, TDAH, AACC...

Un colegio profesional para los docentes, por favor. Se trata de una medida de carácter urgente.

Y es que, de cara a la opinión pública, el problema de los docentes es precisamente este: a la inmensa mayoría de la gente que no se dedica a la docencia, ¿cómo podemos hacerles pedagogía de un disparate educativo tan extremo, absurdo, burocrático e inverosímil?

Hace unos tres años, aún con la resaca de la pandemia, sentí la necesidad de escribir sobre educación, algo que nunca me había ocurrido. Hasta entonces, trabajo y literatura habían transcurrido por caminos paralelos, habían llevado existencias separadas con alguna confluencia o complicidad esporádicas.

Pero en ese momento sentí la necesidad de dar forma literaria a mi experiencia en el aula y todavía no sé por qué: la pandemia, el confinamiento, las restricciones... debieron de ser el detonante. Al disparate educativo se sumaba otro.

Escribí un bestiario en clave no realista, simbólico, alegórico, surrealista, un bestiario que fuera capaz de sumergir al lector en el absurdo, el caos y la gratuidad consustancial de nuestro disparate educativo: ratas, buitres, gusanos, hienas, sanguijuelas, toros, peces, cerdos, koalas... No faltaba ninguno. He aquí el primer cuento de la recopilación:

EL CONEJO

Hoy será un gran día; para mí, para los alumnos y para mi carrera profesional, una carrera sumamente gris, triste y mediocre hasta el momento.

Lo presiento; hace semanas que lo tengo todo listo para la visita de la inspectora. Me he dedicado en cuerpo y alma a este nuevo proyecto de reeducación sentimental, he tenido que dar la mejor versión de mí mismo porque el mundo de la educación ha cambiado mucho en estos últimos años, seguramente demasiado.

Desfasado como estoy, poco antes de empezar las clases en septiembre yo mismo compré a los alumnos —me dejé buena parte del sueldo— el conejo, los juguetes del conejo, la jaula —con bebedero, comederos, cueva y bandeja para orinar y defecar—, acelgas, escarola, hojas de zanahoria, canónigos, heno, pienso para ocasiones especiales, endibias, cientos de endibias... El primer día de colegio, cuando me vieron llegar tan cargado, la expectación fue máxima. Desde entonces, ellos mismos, los alumnos, bajo mi atenta supervisión, han mimado, cuidado y alimentado al animal durante todo el curso, fines de semana incluidos, con dedicación, constancia y amor, mucho amor. La implicación ha sido enorme.

Ayer lo pesamos —la báscula digital también la compré yo—: ¡dos kilos trescientos cincuenta y ocho gramos! Todo un récord, tratándose de un conejo doméstico. Y un éxito, sobre todo si tenemos en cuenta que, cuando era pequeño, en mi casa el conejo era el símbolo del mal, la encarnación del demonio por su exceso de fornicación y fertilidad. Era mejor no tocar ninguno, cerrar los ojos si lo veías corretear... ¡Qué tiempos aquellos!

Y para más inri, hemos hecho un total de nueve talleres de cuatro horas cada uno: dos por trimestre, treinta y seis horas de intensa formación con los mejores chefs del país, un proyecto avalado por las autoridades.

Hoy, dentro de una hora y media (minuto arriba, minuto abajo), si no hay nada nuevo (¡y ojalá que no lo haya!), lo cocinaremos juntos a la hora de tutoría, después de la clase de educación física —los niños tendrán hambre—, y a continuación nos lo comeremos sentados en el suelo, poco a poco, masticando bien, en círculo y en silencio, bajo la atenta mirada de la inspectora.[15]

Inspección

Durante el año de prácticas como nuevo funcionario, tenía que venir la inspectora a evaluarme; un trámite burocrático que, por norma general, no tiene ningún sentido ni trascendencia —todo el mundo pasa el «filtro»—, pero es un trámite incómodo, innecesario y estresante.

Ese curso, en primero de bachillerato tenía tres grupos con treinta y cinco alumnos cada uno, aproximadamente, además de los tres grupos de segundo de bachillerato y otros cinco grupos de segundo de la ESO. En total, más de doscientos cincuenta alumnos para mí solo, los cuales, normativa en mano, debía evaluar cada tri-

15. Damià Bardera, *Bèsties de companyia*, Barcelona, Godall, 2022, pp. 9-10.

mestre «de forma personalizada, atendiendo a la especificidad de cada alumno».

Ese año ya empezamos mal: al inicio de curso tenía que dar clase a dos grupos de segundo de bachillerato en espacios infrahumanos, seis horas de clase a la semana en madrigueras oscuras y claustrofóbicas que, normativa en mano, no están ni habilitadas para dar clase. Disponían de ordenador y proyector, eso sí, y había mesas, sillas y una pizarra, pero no tenían ventanas ni ventilación, y encima olíamos el aroma a gasóleo a todas horas porque el año anterior había habido un derrame del depósito, un accidente que trajo cola porque la prensa comarcal se hizo eco del suceso. Una vergüenza.

Con el apoyo de los alumnos, las familias y el profesorado, me quejé al jefe de estudios. Le hice saber que dar clases en aquel sótano insalubre sin ni siquiera luz natural era indigno y deprimente, para mí y para los alumnos, y que quizá la inspectora debería entrar en esa aula para evaluarme. Se estaría una hora entera allí sentada, tomando notas y oliendo a gasóleo.

«No tenemos espacio», se excusó, avergonzado.

Al cabo de una semana, consiguió encontrarnos espacio en el instituto y nos reubicó, alabado sea Dios. No teníamos un aula fija, sino que íbamos paseándonos, pero cualquier sitio era mejor que aquel bajo indigno.

Cuando vino la inspectora por primera vez, los bajos-tétricos-con-hedor-a-gasóleo ya eran historia, nadie se acordaba. Nos reunió a todos los funcionarios noveles, nos explicó el funcionamiento de la evaluación —se veía a la legua que toda esa farsa burocrática le daba más pereza a ella que a nosotros— y nos dejó elegir, dentro de los márgenes de su apretada agenda, qué día y a qué hora queríamos que nos viniera a evaluar.

«Primero os observaré en el aula y luego os haré una breve entrevista de diez o quince minutos.»

Fantástico, pensé, que entre en una de las clases de primero de bachillerato, en la que hay treinta y siete alumnos, por ejemplo, donde ni siquiera tendrá sitio para sentarse y no se podrá pasear con comodidad.

Una semana antes de la cita, la directora me escribió para decirme que la inspectora no podía venir el día acordado, y me instaba a que yo mismo propusiera otro día y otra hora, siempre dentro de los márgenes de su apretada agenda.

De once funcionarios novatos que éramos, nos cambió la cita a ocho, a unos con más antelación que a otros: a mi pobre compañero de departamento la directora le avisó media hora antes, durante el descanso del patio. Era un chico timorato, nervioso, y la noticia lo pilló a contrapié. Cuando finalmente la inspectora fue a evaluarlo —un mes después—, ni siquiera se disculpó. Parece ser que le surgió un imprevisto.

Aunque la visita de la inspectora sea un mero trámite, una mera formalidad, que te cambie la cita a última hora te viene mal y te genera malestar, desorden e indefensión, sobre todo porque ella misma nos había pedido una sesión con unos requisitos concretos.

(Nota: No hace mucho, mantuve una conversación informal con un inspector. Le pregunté si eran conscientes de que en los institutos hay muchos profesores que en el aula nunca se dirigen en catalán a los alumnos, algo que va en contra de la normativa, hecha para garantizar la inmersión lingüística, un incumplimiento flagrante, una falta en toda regla. Respuesta del inspector: «¿Y qué quieres que haga? ¿Que los sancione a todos?».)

La mayoría de los inspectores están cortados por el mismo patrón: son miedosos, cínicos y nunca se mojan. Contra ellos no hay nada que hacer; siempre tienes las de perder, aunque tengas más razón que un santo. Si tienes un problema en el aula y eres lo suficientemente alocado —o lo suficientemente ingenuo— para trasladarlo a inspección, después tendrás dos problemas, y quizá el segundo acabe siendo peor que el primero porque los inspectores son los representantes de unas autoridades educativas que desconfían sistemáticamente de sus trabajadores y los critican ante la opinión pública siempre que tienen la oportunidad de hacerlo: que si nos falta formación, que si debemos actualizarnos... En consecuencia, los inspectores solo se movilizan si huelen la amenaza de un escándalo en los medios de comunicación. Si no sobrevuela esa amenaza, es difícil que te escuchen, y más que te atiendan. Por lo tanto, ante ellos es mejor no quejarse, sonreír todo el rato, darles la razón y hacer ver que la educación funciona, aunque no sea verdad, aunque ambos seáis perfectamente conscientes de que se trata de un teatro triste con un decorado de feria. Sin embargo, es una farsa necesaria para la supervivencia laboral de uno y otro.

Cuando finalmente la inspectora pudo venir a evaluarme, yo ya sabía de qué iba la cosa, la miserable politiquería de todo. Pero decidí arriesgar. Tenía que venir a la clase con treinta y siete alumnos —mantenía la esperanza de que no pudiera ni sentarse—, pero ese día me faltaron cinco, algo muy poco habitual. Lástima.

La sesión fue bien, afortunadamente, y luego, de camino a la entrevista, pensé en hacerle alguna pregunta que pudiera incomodarla un poco, solo un poquitín. Con la prudencia y el respeto necesarios para dirigirme a ella, le hice notar que ese día me habían faltado cinco alumnos en clase, y le pregunté si más de treinta alumnos en un aula y un solo profesor no le parecía una ratio algo demasiado elevada. Respuesta de la inspectora, con cierta sorna:

«Elevada o no, tú has podido dar clase, y lo has hecho bien».

Nada que decir. Gracias, a lo sumo. Reflexioné unos segundos y decidí cambiar de estrategia. Le hice saber que no era muy coherente que la normativa nos pidiera cada vez con mayor insistencia una evaluación «personalizada, atendiendo a la especificidad de cada alumno», y que después un profesor tuviera treinta y siete alumnos por aula y más de doscientos cincuenta alumnos en total. Respuesta de la inspectora:

«Hay institutos con una ratio más baja y siguen sin prestar esa atención personalizada».

No le pregunté nada más. Recuerdo que pensé: «Damià, están entrenados para dar este tipo de respuestas, no te esfuerces». Hicimos la entrevista, nos despedimos y no volví a verla más. Al año siguiente, ya en otro instituto, un compañero de departamento me contó que él también había tenido que realizar las prácticas de funcionario el curso anterior. Su inspector, sin embargo, ni siquiera lo evaluó en el aula. Le hizo un par de preguntas a la hora del desayuno, rellenó los papeles que había que rellenar y no volvió a aparecer en todo el curso. No dejes para mañana lo que puedas hacer hoy.

En voz baja

El año de prácticas no solo empezó mal, con las «aulas» infrahumanas y oliendo a gasóleo; también acabó mal. Y en medio, hubo algunos enganchones con el jefe de estudios que ahora, a toro pasado, me parecen suficientemente representativos del malestar docente que se respira por los claustros del país.

Situémonos: evaluación del primer trimestre, ese día había que evaluar cinco grupos —unos cuarenta y cinco minutos por grupo— y yo tenía que asistir a las dos últimas sesiones. Cuando llegué, llevaban más de una hora de retraso. A veces ocurre que, por problemas técnicos —el proyector falla, el ordenador no tiene conexión a internet, el programa no responde—, una sesión de evaluación se retrasa. Es comprensible. Pero aquel día, la tecnología no tuvo nada que ver: en vez de ir al grano y avanzar, una parte del profesorado se dedicaba a intercambiar información —chismear— sobre la vida de los alumnos, sobre todo de la vida sentimental de los adolescentes: que si este se entiende con aquella, que si a esta le gusta ese otro, que si este chico está a punto de salir del armario...

Cuando faltaban quince minutos para las diez de la noche, ya hacía más de cuarenta minutos que deberíamos haber terminado, así que decidí marcharme. Discretamente. Al día siguiente, el jefe de estudios, un interino neurótico que el día anterior, en la sesión de evaluación, había sido de los que más habían chismeado, se me abalanzó. Me preguntó en un tono entre aleccionador y amenazante:

«Ayer te fuiste antes de hora de la sesión de evaluación, ¿verdad?».

Respuesta mía: «Sí».

«¿Tenías mucha prisa?»

«Un poco.»

«Todos teníamos prisa y no nos fuimos antes de tiempo.»

Supongo que, llegados a ese punto de la «conversación», él debía de esperarse una disculpa en tono humilde, dócil y servil —hay que tener en cuenta que, además, él tenía un físico imponente, ¡me sacaba tres cabezas!—, y un «Lo siento mucho. Me he equivocado y no volverá a ocurrir». En lugar de eso, le respondí muy correctamente:

«Pues precisamente porque todos tenemos prisa, las reuniones deben terminar a la hora estipulada».

A partir de ahí, la guerra ya estuvo servida, y no hubo manera de entendernos. Al final le dije que, si el trimestre siguiente se repetía la misma situación, volvería a hacer exactamente lo mismo, volvería a marcharme antes de tiempo —y quizá de forma menos discreta—, y la cosa quedó así.

Al cabo de tres meses, en la siguiente sesión de evaluación, envió un correo a todo el profesorado para recordar, sobre todo a las tutoras, que las sesiones de evaluación debían ser rápidas y terminar a tiempo. Para hablar de los alumnos con profundidad, ya existían las reuniones de equipos docentes.

Si no hubiera sido por nuestro enganchón, dudo que hubiera enviado un correo como ese. Él ya se sentía cómodo con el salseo, alargando descaradamente las reuniones y haciendo terapia entre colegas. Acostumbrado a dar miedo, a dar cuatro gritos y que todo el mundo claudicara, mi actitud le tuvo que contrariar. Ante la posibilidad de que la siguiente sesión de evaluación se retrasara y yo me volviera a marchar, prefirió curarse en salud y recordarnos que las reuniones de trabajo debían acabar a tiempo.

Ese año —ya lo he dicho— también acabó mal: durante la última semana de clases, al instituto no se le ocurrió otra cosa que organizar un trabajo de síntesis con todo el alumnado de la ESO, y a los profesores de bachillerato —los de ciclos no, pero los de bachillerato sí, algo bastante habitual— nos tocó vigilar y evaluar a unos alumnos con quienes no habíamos tratado, a los que no conocíamos de nada y cuyos nombres ni siquiera sabíamos. Esa semana fue un dislate, un dislate de campeonato, un simulacro de trabajo por proyectos en el que los alumnos jugaron a ser científicos innovadores con conciencia social y ecológica.

Antes de terminar el mes de junio —también querían obligarnos a ir la primera semana de julio; yo me negué—, me despedí con un artículo sarcástico en *Núvol* en el que relaté mi experiencia con el trabajo de síntesis. El artículo corrió rápido por el instituto y levantó una pequeña polvareda: en un instituto como aquel, un instituto de capital de comarca con sabor a nacionalismo-de-tienda-de-pueblo, molestó más el hecho de sentirse expuestos a la opinión pública —aunque en ningún momento mencioné el nombre del centro, ni su ubicación— que la crítica en sí. Y es que, por norma general, las escuelas y los institutos que en algún momento son noticia suelen ser aquellos que, a diferencia del resto, no están dispuestos a esconder el estiércol bajo la alfombra. Te puedes fiar más de esos centros que de los que nunca tienen ningún problema ni escándalo.

El mismo día que publiqué el artículo, muchos compañeros de trabajo —a algunos apenas los conocía porque no habíamos coincidido a lo largo del curso— vinieron a darme las gracias por el escrito y a felicitarme discretamente, en voz baja.

Alegoría

He aquí un alcohólico que vive rodeado de botellas de alcohol: en casa, en el bar, en la calle, en el trabajo, con los amigos, con la pareja, en el restaurante... Hay alcohol por doquier y la tentación es demasiado fuerte, demasiado grande, demasiado intensa. No tiene suficiente fuerza de voluntad y necesita ayuda para salir del pozo.

Seis horas al día, de lunes a viernes, ingresará en un centro de desintoxicación para tomar conciencia del problema y tratar de remediarlo.

La terapia consistirá básicamente en ofrecerle alcohol a primera hora de la mañana y no dejar de darle durante seis horas seguidas, para que se acostumbre, para que entienda que el centro refleja fielmente la vida exterior. Por eso a lo largo de su estancia le ofrecerán pequeñas dosis —en principio, controladas— a fin de que se vaya acostumbrando, hasta que se cure.

Pantallismo

Todavía no tenemos alumnos alcohólicos en las aulas. Son demasiado pequeños. Pero sí hay adictos a las pantallas, y no pocos: adictos a los videojuegos, a las redes sociales, a las notificaciones constantes...

Este año, sin ir más lejos, tengo un alumno de segundo de bachillerato que se pasa las noches jugando a videojuegos, se acuesta sobre las cinco de la madrugada, se despierta a las siete y media para asistir a clase y llega al instituto habiendo dormido menos de tres horas. Y no es un caso aislado. No es único ni excepcional.

A nadie se le ocurre que, si una persona tiene problemas con la bebida, por la mañana se le suministre un sol y sombra a fin de reducir su dependencia del alcohol. Pero en nuestros institutos y escuelas, ¡ay!, todo son pantallas, ordenadores, proyectores, entornos virtuales, libros electrónicos...

El pedagogismo oficial y oficialista —y acólitos diversos, como los directivos tecnócratas, los profesores guais o los docentes motivados— siempre tiene listo el argumento de que el problema no son las nuevas tecnologías, sino su uso. De acuerdo. También podemos pensar, ingenuamente, que si a una persona que acaba de sacarse el carné de conducir le damos un coche deportivo de gama alta y se estampa en la primera rotonda, entonces el problema no es el coche, sino el uso que el joven ha hecho de él.

Si en muchos casos las nuevas tecnologías están pensadas para generarnos adicción, ¿qué margen tienen los jóvenes para usarlas correcta y razonablemente? Cuando tienes treinta alumnos en el aula y cada uno tiene un ordenador portátil, ¿cómo puedes controlar que todos hacen lo que toca?

Hablando en plata: las pantallas en el aula sirven, en el mejor de los casos, para que los docentes abdiquemos de nuestra función de enseñar y carguemos la responsabilidad del aprendizaje a un alumnado que, ¡sorpresa!, todavía no dispone de un criterio lo bastante formado para saber qué le conviene y qué no.

Como profesor, es mucho más sencillo llegar a clase y decirles a los alumnos que busquen información sobre cualquier tema —las energías renovables, por ejemplo— porque en unos días harán una exposición oral, y si es por grupos todavía mejor. Todo son ventajas: el profesor no debe preparar prácticamente nada —si necesita una rúbrica para orientar la evaluación de los alumnos, la saca de internet y arreando, que es gerundio—, se paseará por la clase unas cuantas sesiones —esto en el mejor de los casos; en el peor, se pasará la hora mirando el ordenador y consultando el móvil—, charlará con los alumnos de forma distendida, caerá bien y, al cabo de unas semanas, escuchará —o fingirá hacerlo— las exposiciones orales de los alumnos y los aprobará a todos, porque aunque no hayan aprendido nada sustancial, aunque no hayan hecho ninguna investigación seria, «se han esforzado mucho» y han desarrollado la competencia social (sobre todo la persona del grupo que ha tenido que hacer todo el trabajo mientras el resto se rascaba la barriga) y la competencia digital.

Los alumnos de hoy son nativos digitales, dicen los expertos. Estoy harto de encontrarme alumnos que, a pesar de ser nativos digitales, no saben adjuntar un documento Word o PDF en un correo electrónico, y no digamos saber hacer un índice automático (el curso pasado, en una clase de primero de bachillerato de veinticuatro alumnos, ninguno sabía hacer índices automáticos; he aquí su grado de digitalización nativa).

Los alumnos tienen más habilidad que los docentes a la hora de navegar por internet, en efecto. Suelen ser más diestros y van más deprisa, pero eso no significa que sepan cómo funciona el mundo digital. Yo soy nativo analógico y no por eso aprendí a leer de forma espontánea, como si todas las lecturas que he hecho a lo largo de los años y el bagaje cultural me hubieran llovido del cielo.

Alumnos incapaces de concentrarse más de cinco minutos —eso en el mejor de los casos; algunos, ni treinta segundos—, jóvenes enganchados al móvil, ciberacoso constante como *modus vivendi*, problemas visuales a raíz del excesivo contacto con las pantallas, descenso en la comprensión lectora, alumnos que prácticamente no saben escribir a mano, deshumanización en las relaciones sociales...

¿Qué nos aportan las pantallas desde que entran en el aula hasta que salen? ¿Qué nos aporta una digitalización acrítica, sin rumbo? ¿Qué nos aporta la «religión de las pantallas»? Y a todas estas preguntas también habría que añadir los problemas económicos de muchas familias (una cuestión que tal vez merecería un libro aparte), dado que hay alumnos que llegan a la escuela con el ordenador sin batería porque, si lo cargan en casa, gastan demasiada luz.

Si todo el galimatías digital y la consiguiente ideologización pantallista debe servir para tener a los alumnos distraídos, que no molesten en clase y que el profesor cobre a final de mes sin tener ningún cargo de conciencia, no me parece mal. No me opongo. Es más, quizá incluso habría que darles dos ordenadores: un par a cada alumno.

Ahora bien, no hace falta engañar a nadie. No hace falta intentar vender que las pantallas, la digitalización, las aulas tecnológicas... nos sacarán del pozo educativo en el que nos encontramos. Si queremos pantallas, adelante; pero por lo menos tengamos la decencia, todos juntos, de reconocer que no sirven para aprender, que son nocivas.

Tanto hablar de la empatía actualmente, tanto trabajar en el aula con los programas de educación emocional, y resulta que si observamos el sufrimiento ajeno a través de una pantalla, entonces la misma pantalla nos priva de empatizar con la persona que sufre. ¿Queremos deshumanización? ¡Pues pantallas en las aulas!

Educación para la vida

Como la vida actual está llena de pantallas, el mantra de la nueva educación dice que la escuela no puede vivir al margen. La escuela no solo debe ser un reflejo de la vida, sino que debe preparar para la misma. Esta es su principal tarea, su única misión.

Haciendo el célebre máster de educación secundaria y bachillerato, una de las pocas cosas que me quedó muy clara —tras verla escrita una y otra vez— es la naturaleza de la ESO. En los documentos colgados, cada dos por tres leías que la etapa de secundaria debía servir para preparar a los alumnos para la vida, es decir, para la vida que se encontrarían una vez que terminaran los estudios obligatorios y empezaran a trabajar (o a estudiar en serio).

Dejando a un lado el mensaje de fondo que se transmite a los alumnos con esta visión —que la educación es un simple medio, no una finalidad en sí misma—, no es verdad que estemos preparando a los alumnos para la vida. Al contrario: tenemos un sistema basado en la mentira, y los docentes somos cómplices, aunque nos pese y nos cueste reconocerlo.

De cara a la galería, y siempre desde la retórica oficial y oficialista, se supone que la enseñanza por competencias garantiza esa preparación para la vida; es lo que más se ajusta a ella, dicen los expertos-que-no-han-pisado-nunca-un-aula.

Ahora bien, dejando al margen que actualmente todavía no habrá nadie que sepa exactamente en qué consiste enseñar —o educar, si se quiere— por competencias, todavía hay un problema más grave, más chocante y más lamentable, que engorda y normaliza un poco más el disparate educativo en el que vivimos inmersos docentes y estudiantes.

He aquí el quid de la cuestión: si nos mostramos favorables a que la etapa de la ESO —y también la del bachillerato— sea una enseñanza para la vida, esto es, una etapa que prepare al alumno para la vida no académica, entonces deberíamos tomar una serie de medidas drásticas inspiradas —¡es obvio!— en el mundo «real»: el laboral. Eso siempre que queramos ser consecuentes con nosotros mismos.

Por lo tanto, y con carácter urgente, deberíamos dejar de hacer planes individualizados y adaptaciones varias al alumnado, medidas que en la mayoría de los casos únicamente sirven para maquillar la realidad, sirven para otorgar el título de secundaria a alumnos que no tienen ni el nivel, ni la disposición, ni la actitud. ¿Acaso existen los planes individualizados en la vida? ¿O en el trabajo? Quizá entonces deberíamos suspender a un 70 por ciento de los alumnos, como mínimo.

También deberíamos expulsar a todos aquellos alumnos que de manera sistemática llegan tarde o directamente son absentistas. ¿Qué ocurre si en el trabajo llegas tarde muchos días seguidos o no te presentas, y encima sin ningún motivo acreditado?

Quizá a lo largo del curso también habría que hacer venir a figuras de autoridad relacionadas con el mundo policial y judicial para que los alumnos entendieran que, en la vida «real» —la que hay más allá de las paredes del instituto—, las faltas de respeto, las ilegalidades, el acoso, los robos y las estafas intelectuales (como presentar trabajos copiados) se pagan caros. Habría que dedicar una asignatura troncal, impartida por especialistas externos. A los alumnos debería quedarles claro, sobre todo a los que son delincuentes en potencia, que determinados actos tienen consecuencias desagradables.

También podríamos realizar un proyecto que consistiera en evaluar a los alumnos únicamente por los resultados y el rendimiento, y no por ese supuesto esfuerzo imposible de ponderar o de demostrar. En consecuencia, los alumnos deberían afrontar un examen externo al terminar la etapa de la ESO. Quien no aprobara ese examen —un examen exigente, como la vida misma— no obtendría el título de secundaria. ¿Acaso hay alguna empresa privada que te pague todo el sueldo, con los extras incluidos, si no rindes?

En resumen: para decirlo lisa y llanamente, si de veras educamos para la vida, quizá habría que ir hacia un modelo educativo de lo más darwinista, ya que este darwinismo social es, al fin y al cabo, lo que se encontrarán los alumnos cuando acaben los estudios.

No nos engañemos: «preparar para la vida», lo que se dice preparar, ahora mismo los institutos no lo hacemos mucho. Si los alumnos llegan tarde, no hay problema. Si insultan o agreden a un profesor, un par de días expulsados a casa y aún salen reforzados, ufanos. Si no aprueban a la primera, les damos una segunda oportunidad; y si no aprueban a la segunda, una tercera oportunidad; y si no, una cuarta, y así sucesivamente. Si hay un acosador y una víctima, hacemos protocolos que ponen al mismo nivel a acosador y víctima, porque hay que tener empatía. Si un alumno suspende todas las materias, pasa de curso de todas formas. ¡Fiesta!

Hace un par de años, un alumno creó una cuenta de Gmail con mi nombre y apellidos y envió un correo electrónico a un compañero de clase haciéndose pasar por mí, para gastarle una broma. ¿Cómo acabó todo? Nada, se le regañó un poco, se le dijo que no lo volviera a hacer y venga. No hubo ninguna sanción.

Como profesional-de-la-docencia-que-a-veces-va-con-la-lengua-fuera, yo también desearía que las autoridades educativas me elaboraran un plan individualizado y me tuvieran entre algodones. ¡Pero cobrando lo mismo!

Grupos adaptados

Una de las primeras cosas que aprendes cuando empiezas a trabajar de profesor es que, en este país del demonio, todo son eufemismos del eufemismo del eufemismo. Y al final, como todo son eufemismos del eufemismo del eufemismo, no sabes de qué se habla ni a qué realidad se refieren las palabras.

Al principio me sorprendió mucho que se utilizara la palabra *diversidad* para referirse a todos aquellos alumnos que, por el motivo que fuese, no podían seguir un ritmo académico «normal». No acababa de entender —y sigo sin entenderlo, aunque me haya acostumbrado a ello— qué tenía que ver la palabra *diversidad* con el rendimiento académico de una persona.

Cuando te inicias en la docencia y te dicen «tienes un grupo de diversidad», no es una manera redundante y obvia de decirte que no hay dos alumnos iguales, que tienes diversidad de alumnos. El sentido es otro. Lo que te están diciendo es:

«Con este grupo vas a sufrir y te va a costar dar clase;

eso si puedes darla. Debes entretenerlos como puedas y da igual si aprenden o no aprenden».

Aunque nadie lo diga con estas palabras, de forma tan cruda, todo el mundo sabe qué quiere decir —y qué implica— la «diversidad». A nadie le interesa si los alumnos de «diversidad» aprenden mucho. Lo prioritario es que estén distraídos —a veces utilizan el término *atendidos*— y que no den problemas. En estos grupos, los alumnos a menudo no tienen nociones claras de dónde están los límites y eso puede llevarlos a gritar, insultar o tocar sin apenas intuir que su comportamiento es inadecuado. La mayoría son incapaces de sentarse en la silla durante más de cinco minutos y no pueden concentrarse más de treinta segundos debido a mil y un trastornos o síndromes.

En los grupos adaptados, son habituales expresiones y siglas como TDA, TDAH, TEA, TDL, DIL, dislexia, trastorno límite de la personalidad, TOC, discalculia, TANV... Y todo eso por no hablar de los trastornos de ansiedad, las depresiones, las bulimias y las anorexias, que son transversales en todos los grupos.

Ahora llevo tiempo sin ningún grupo adaptado y debo reconocer que, las veces que me ha tocado alguno, he sufrido. Siempre he acabado sobreviviendo —por norma general, son alumnos agradecidos y empáticos; si te los ganas, te muestran un cariño sin reservas ni suspicacias, cosa que se agradece—, pero con cierta mala conciencia.

Enseguida te percatas de que con esos grupos no podrás dar clase «normal». No podrás desplegar la materia tal y como la tenías prevista, con actividades, textos para leer en clase, debates, dilemas morales. Tienes que dar con alguna solución alternativa, sea cual sea, porque primero es la supervivencia y después la pedagogía. Y en esta cuestión, el orden de los factores sí altera el producto.

La última vez que me tocó dar clase a un grupo adaptado, en segundo de la ESO, recuerdo que nos pasamos buena parte del curso haciendo juegos de memoria. Nos lo pasamos bien, es cierto, pero no aprendieron nada. Ese es el problema. Yo salvé la situación —acababa las clases agotado, eso sí—, pero no pude deshacerme de la pegajosa sensación de haberlos estafado, de no haber estado a la altura, de haber agachado las orejas.

Planes individualizados

Los llamados PI (plan de apoyo individualizado), junto con las adaptaciones varias y variadas, no solo no existían en mi época de estudiante, sino que ni siquiera aparecían en el temario del Máster del Universo.[16]

Qué sorpresa la mía cuando aterricé en un centro educativo y vi —no exagero— que en un curso de cuarto de la ESO había más alumnos con un PI o una adaptación que sin.

¿Qué es exactamente un PI? Se trata de un documento elaborado por el equipo docente para que un alumno con necesidades educativas especiales pueda ser evaluado teniendo en cuenta sus singularidades/dificul-

16. El *pla de suport individualitzat* (PI) es exclusivo de Cataluña. *(N. del E.)*

tades a la hora de seguir el curso y alcanzar los objetivos educativos. Por lo tanto, la elaboración de un PI es una medida excepcional, y se hacen por muchos motivos, desde dislexias o TDAH hasta necesidades económicas. Hasta aquí, todo razonablemente correcto: la filosofía subyacente de un PI es introducir equidad en el sistema educativo para que la evaluación sea más justa, dado que no todos los estudiantes parten del mismo sitio.

Pero la realidad es otra, y es muy simple: en una clase de la ESO con treinta alumnos, un solo profesor puede encontrarse tranquilamente con que más de la mitad de sus alumnos tienen un PI. A pesar de tratarse de una medida excepcional y extraordinaria, resulta que en muchas clases hay más alumnos con PI que alumnos sin PI. El PI, pues, actualmente es la norma y no la excepción.

Obviamente, su elaboración requiere papeleo, mucho papeleo; un papeleo que se añade al papeleo ya existente, que no es poco. Además, hace falta tiempo y formación para evaluar al alumno como es debido, es decir, siguiendo las pautas de su correspondiente PI.

Ahora bien, ¿dónde está el tiempo para evaluar debidamente a todos los alumnos con un PI? ¿Dónde están los recursos? ¿Dónde está la formación para evaluar debidamente toda la inmensa gama de posibles planes individualizados?

Si la mayoría de los alumnos disponen de un PI, será que lo que se persigue es una educación cada vez más personalizada. Ahora bien, ¿dónde están los profesores para atender a esa personalización educativa? ¿Un solo docente puede evaluar cada trimestre, de forma personalizada, a cien alumnos de los doscientos que puede llegar a tener?

Además, los docentes comprobamos a menudo que la línea entre ser vago y merecer un PI es muy fina. Cuando un alumno no sigue el ritmo del curso porque sencillamente no le da la gana hacer nada, se le suele aplicar un PI para que pueda aprobar (me refiero a aprobar sin dar golpe, obviamente). El objetivo de muchos PI no es otro que lograr que el alumno apruebe, no que aprenda nada sustancial. A muchos se les debería hacer un PI por holgazanería o por *melatraealpairismo*. Es algo evidente cuando pisas el aula, pero resulta que estos no existen. La normativa no los prevé. Entonces se le hace un PI por cualquier otro motivo o excusa, sea cual sea.

Si te empeñas en buscar motivos, causas y excusas de por qué un alumno suspende (o si te obligan a ello), siempre los encontrarás. Además, de paso descargarás de cualquier responsabilidad al alumno y a los progenitores.

Ahora bien, si una vez hecho el PI el alumno queda eximido de cualquier responsabilidad, entonces ¿dónde termina toda esa responsabilidad? Evidentemente, la responsabilidad recae íntegramente en el profesorado. Si un alumno con PI sigue suspendiendo, entonces ya no es culpa del alumno, sino del profesor, dado que no habrá sabido aplicar bien el PI, aunque ese PI sea una manera de encubrir la holgazanería, el absentismo y el mal comportamiento.

La lógica es perversa: hacemos un PI para «ayudar» al alumno, muy bien, pero una vez realizado el PI, el alumno *ya no puede* suspender. Si suspende, la culpa es del profesor, que no sabe más, y habrá que reeducarlo (al profesor, no al alumno).

¿La solución? Aprobarlos a todos: el *Departament* podrá sacar pecho del alto índice de aprobados en las aulas del país y el título, que es el mismo para todos, certificará oficialmente que todos los alumnos que hayan superado cuarto de la ESO —todos sin excepción— tienen el nivel académico adecuado.

Guais y motivados

¿*Departament d'Ensenyament* o *Departament d'Educació*?[17] En los últimos treinta años, el nombre ha ido cambiando en función del partido político que ha ocupado la consejería, o en función de las filias y fobias del consejero o consejera de turno. Es un hecho que sería risible si no fuera por los cientos de miles de euros que debe de valer cambiar el nombre a todos los sitios oficiales, las webs, las notificaciones, los sellos, etcétera.

El debate entre enseñar y educar es antiguo, y no es necesario adentrarnos en él. Cuanto mayor es el alumno, más se le enseña (o más debería enseñársele) y menos se le educa. Mi postura es que yo enseño e, inevitablemente, educo —o deseduco— con el ejemplo: si exijo puntualidad a los alumnos, yo debo ser siempre puntual; si les exijo rigor, yo debo ser más riguroso que ellos; si

17. '¿Departamento de Enseñanza o Departamento de Educación?', en español.

les pido que se expresen bien, tanto oralmente como por escrito, yo tengo que hablar y escribir como es debido.

Ahora bien, yo estoy plenamente comprometido con mi labor de educador de mis hijos, a tiempo completo y sin reservas, porque considero que es tarea de los padres. Si hay padres que directa o indirectamente han renegado de esta tarea, explícita o implícitamente negligentes, ¿por qué debo ser yo quien eduque a sus hijos? ¿Por qué si yo educo a mis hijos —y, por lo tanto, me cercioro de que irán a clase a aprender, y no a educarse— debo asumir la labor de unas familias que no hacen su trabajo?

(Nota: A menudo son precisamente estos padres negligentes los más activos y exigentes a la hora de quejarse y denunciar que el profesorado no atiende como es debido a sus hijos; tal vez lo hagan por cargo de conciencia. En el otro extremo están los llamados padres helicóptero, que fiscalizan todos los movimientos y pensamientos de los hijos hasta el punto de que les roban todo conato de autonomía; en consecuencia, cualquier pequeño conflicto que tengas con esos alumnos desembocará de forma inevitable en un conflicto con los padres, dado que estos se lo toman como una ofensa personal porque, en el fondo y no tan en el fondo, consideran a los hijos una extensión de sí mismos.)

A mí me supone mucho esfuerzo educar a mis hijos, estar ahí y hacerles caso, y no estoy dispuesto a hacer esta misma tarea por los hijos de otro. En primer lugar, porque no son mis hijos; y en segundo lugar, porque no me corresponde a mí.

A mí todo esto me parece de sentido común, pero hay colegas que no lo entienden o que no quieren entenderlo. Tanto los motivados como los profesores guais confunden su tarea docente (una labor que inevitablemente tiene un componente educativo, no lo niego) con la labor de padres, con la labor de la familia. En ese momento se cambian los roles y empiezan a surgir una serie de problemas difíciles de gestionar porque las relaciones entre seres humanos son más complicadas y conflictivas —al menos potencialmente— cuanto más personales son.

En mi opinión, esta confusión de roles es uno de los motivos centrales del disparate educativo actual. Como nadie tiene muy claro —ni padres, ni profesores, ni alumnos ni autoridades educativas— qué papel debe desarrollar en el teatro educativo, la consecuencia es que no hay límites claros, definidos ni precisos. El resultado es un revoltijo en el que reina la confusión, la anomia y el sálvese quien pueda, un caldo de cultivo perfecto para que emerja la miseria moral de algunos docentes.

Un año, por ejemplo, en una evaluación final de segundo de bachillerato, tuve que presenciar cómo un profesor ponía el grito en el cielo porque a una alumna le había quedado solo una asignatura y no podía graduarse en primera convocatoria. No era la única alumna con una materia suspendida —previamente se había acordado que, si se daba un caso así, no se revisarían las notas—, pero el profesor en cuestión defendió únicamente a aquella alumna porque era amigo de la familia. Y, claro, teniendo en cuenta toda la información adicional de la que disponía y el vínculo afectivo que le unía a la familia, le parecía injusto que la chica no pudiera graduarse en la convocatoria ordinaria.

Y es que a un profesor guay —y ese lo era—, sea por el motivo que sea (anclajes en una fase vital previa, traumas, necesidades emocionales no cubiertas...), le da más miedo ser impopular entre el alumnado que incompetente a la hora de ejercer la docencia. Por consiguiente, un profesor con este talante siempre empleará más esfuerzos en caer bien a los alumnos —y a las familias— que en ninguna otra tarea, porque su autoestima y autoimagen dependen de ello.

Y si ese profesor guay es a la vez un motivado, entonces ya tenemos la tormenta perfecta para la confusión en el centro, para el malestar, el caos y el desorden. Porque un motivado, a diferencia de un profesor guay, tiene tendencia al sectarismo: como está convencido de que todo el mundo debería tener y compartir su grado de motivación y entusiasmo, si tú no tienes ganas de hacer horas extras sin cobrarlas —es decir, si no estás dispuesto a autoexplotarte—, te critica por considerar que tu supuesta falta de compromiso es, en el mejor de los casos, inaceptable, y en el peor, una falta de respeto hacia el resto de los compañeros o una provocación en toda regla.

El fenómeno de los motivados no es nuevo ni actual. Siempre los ha habido y supongo que siempre los habrá. Lo más inquietante es que ahora hay escuelas e institutos que son centros motivados, como institución. Es decir, si no eres un motivado, en la actualidad es mejor que no te toquen ciertos centros. En esas escuelas, o cierras filas —que básicamente significa no poner en duda nada de lo que dictan las autoridades educativas— y demuestras continuamente tu compromiso y tu vocación, o no te querrán y te lo harán saber, con mayor o menor sutileza.

Es lo que ocurre con el sectarismo, que también contiene un grado nada despreciable de fanatismo. En este tipo de centros —no es casual que se presenten como centros modernos y guais, siempre con una sonrisa y un círculo integrador a punto—, los docentes incluso quedan en julio —¡en julio!— para irse de colonias a trabajar la competencia de la cohesión grupal y preparar el siguiente curso. Parece ser que realizan juegos, actividades y proyectos motivadores.

Se lo deben de pasar tan bien y estarán tan unidos que, si tú no participas, es probable que durante el siguiente curso académico los propios compañeros te hagan el vacío y te hagan saber que no perteneces a su cuadrilla. Eso sí, estos mismos que no te quieren en su centro motivado y motivador serán los encargados de transmitir el valor de la inclusión a los alumnos y de inculcarles, sobre todo, que no hay que discriminar a nadie.

Tecnocracia y depresión

Una buena manera de terminar un libro sobre educación —un libro como este— es hablar de la salud mental tan deteriorada del profesorado. Y es que los últimos estudios educativos sobre el estado anímico de los profesores coinciden en poner de manifiesto una realidad bastante palpable para quien se dedica a la docencia: el malestar del profesorado en su día a día.

Por poner solo un ejemplo: el último informe del Observatorio de la Escuela en Iberoamérica, de la Fundación SM, efectuado en cuatro países (Brasil, Chile,

España y México), aporta datos preocupantes en relación con la salud mental de los docentes, sobre todo en España. En uno de los apartados, dedicado precisamente al malestar docente, se remarca que uno de cada tres maestros ha sufrido o sufre falta de ilusión; y dos de cada cinco, agotamiento, ansiedad o depresión.

Estos datos no solo son tristes, sino preocupantes, sobre todo si tenemos en cuenta que la docencia es uno de los trabajos más vocacionales, al menos normalmente. Los motivos de este malestar son muchos y vienen de lejos, no hay duda, pero en mi opinión hay un factor actual, la tecnocracia, que es clave para entender tanto el fenómeno del malestar docente como el porqué de su incremento en los últimos años.

A la mencionada «indefensión aprendida» del psicólogo Martin Seligman, ahora habría que añadir otro término de la psicología, las llamadas neurosis noógenas. Su postulador fue el neurólogo, psiquiatra y psicoterapeuta Viktor Frankl (1905-1997), superviviente de los campos de concentración nazis y autor del superventas *El hombre en busca de sentido*.

Frankl desarrolló una línea psicoterapéutica entera a la que llamó logoterapia, la cual preveía la posibilidad de que una persona desarrollara una neurosis noógena, es decir, una neurosis originada en el ámbito espiritual derivada de una pérdida de valores, de una crisis existencial o de un conflicto moral grave, con efectos negativos tanto en la dimensión psíquica como en la dimensión somática de la persona. Las neurosis noógenas, por consiguiente, son la expresión mórbida de una pérdida de sentido o significado en la vida.

¿Y qué tienen que ver las indefensiones aprendidas y las neurosis noógenas con la tecnocracia? Si entendemos por tecnocracia —o directamente por despotismo tecnocrático— una forma de dirigir los centros educativos basada en el papeleo, los formularios, los controles de «calidad», las bases de datos, las hojas de cálculo de Excel, las pantallas y las nuevas tecnologías, una manera de dirigir impersonal, aséptica y deshumanizada, entonces podemos afirmar que el modelo tecnocrático de dirigir un centro incrementa, por un lado, la posibilidad de experimentar indefensión aprendida, y por el otro, la probabilidad de vivir una pérdida significativa de sentido.

Actualmente, sobre todo desde la implementación de la LEC (Ley de Educación de Cataluña) en 2009, el modelo imperante en las direcciones de los centros suele ser el tecnocrático, un modelo surgido del curso de directores que organiza el mismo *Departament*. La necesidad y el sentido último de dicho curso es garantizar que los futuros directores de los centros públicos aprendan a «gestionar» una cantidad cada vez más ingente de papeleo. De resultas, y seguramente por mimetismo, la gestión de personal en los centros educativos también acaba ajustándose a este modelo burocrático cada vez más digitalizado.

El exceso de burocracia no es un mal reciente, de principios del siglo XXI, sino al contrario: la misma noción de burocracia es consustancial a la existencia de los Estados modernos. Por eso los tratos y gestiones con la administración suelen ser lentos y pesados. Ahora bien, hace quince años este exceso de burocracia tenía poca o nula presencia en el día a día de las escuelas y los institutos. Actualmente, en cambio, es el pan de cada día. Y por si fuera poco, la digitalización de las aulas, implementada con un entusiasmo de lo más (alarmantemente) acrítico, lejos de solucionar el problema, lo ha agravado.

Así, la introducción del modelo tecnocrático-digital en las aulas ha hecho que el profesorado no solo experimente una pérdida de sentido en su trabajo, sino que se sienta cada vez más desprotegido y desvalido. ¿A quién debes quejarte, cuando la queja debe vehicularse a toda costa a través de una pantalla de ordenador? ¿Qué sentido tiene realizar propuestas de mejora para el centro cuando estas propuestas deben encajar en un formulario preestablecido? ¿Dónde quedan la creatividad, la originalidad y la espontaneidad del profesorado cuando estas cualidades o virtudes deberán justificarse con programaciones y más programaciones?

En el mundo de hoy es tristemente habitual ponerte en contacto por teléfono con alguna empresa —o con la misma administración— y que te atienda una máquina. Eso hace que un problema que podrías resolver en un santiamén hablando con una persona se convierta en algo irresoluble. Pasas de un robot a otro hasta la extenuación final, hasta que tiras la toalla.

¿Quién no ha experimentado jamás este tipo de desesperación? Se trata de una desesperación que genera un sentimiento extraño de desprotección —¿quién se preocupa de ti, cuando las personas que deberían hacerlo no tienen rostro?— y, al mismo tiempo, dinamita la posibilidad de percibir un sentido pleno en aquello que se hace y se dice.

En este aspecto, el punto de intersección paradigmático entre la indefensión aprendida y la pérdida de sentido lo encontramos perfectamente reflejado en los relatos y novelas del escritor checo Franz Kafka, y eso que el autor no vivió (en) la era digital. Los personajes que pueblan su obra suelen verse inmersos en un marasmo burocrático, pues deben probar su inocencia sin ni siquiera saber de qué se los acusa. Y como todos sus esfuerzos son inevitablemente vanos, sus peripecias vitales se revelan de lo más absurdas, se convierten en una afinada metáfora del colosal disparate que es la burocracia: un mundo gris y deshumanizado en el que nadie quiere —ni puede— asumir ningún tipo de responsabilidad ética ante las constantes injusticias y extravagancias administrativas.

A modo de resumen: el modelo que actualmente impera en la dirección de los centros educativos es el tecnocrático, un modelo basado en el papeleo y en la impersonalidad de la gestión. A la hora de enfrentarse a la realidad cada vez más compleja de las aulas, este modelo no solo se muestra incapaz de solucionar nada, sino que agrava el problema: por un lado, genera desprotección en el profesorado; y por el otro, le priva de experimentar el sentido pleno de un trabajo que suele tener un destacado componente vocacional.

Llegados hasta aquí, no es de extrañar que, año tras año, curso tras curso, aparezcan diversos estudios que evidencien el malestar docente actual y la necesidad de remediarlo. Y es que, si a la indefensión aprendida de muchos docentes le sumamos ahora los síntomas característicos de una depresión noógena —fruto de la pérdida de sentido—, entonces se entiende perfectamente la falta de ilusión, el agotamiento, la ansiedad y la angustia que padecen tantos docentes.

Flores de loto

En uno de los pasajes de la *Odisea*, Ulises llega con sus camaradas al país de los lotófagos, unos seres que se alimentan constantemente de flores de loto. La ingestión de esta planta provoca una pérdida irreversible de la memoria y convierte a uno en un ser desmemoriado, sin proyecto vital, un ser que vive únicamente para la gratificación constante de comer, una y otra vez, en bucle, flores de loto. El placer por el placer, como inicio y fin en sí mismo. Por eso los compañeros de Ulises que catan la flor de loto se olvidan de inmediato del regreso a Ítaca y sus vidas se vacían de sentido, de propósito.

No es extraño que un sistema educativo que ha proscrito la memoria, que la ha menospreciado, haya renunciado a transmitir el valor de la tradición humanista, la cultura que nos ha hecho ser quienes somos y el sentido histórico de nuestra presencia en el mundo.

Al igual que en la existencia de los lotófagos (una existencia que no es vida, sino que es un mero existir), la desmemoria es la condición de posibilidad de la educación actual. Como la transmisión del pasado ha quedado interrumpida, los alumnos de hoy están perdidos en un marasmo de pantallas, videojuegos, redes sociales, estímulos visuales constantes, inteligencias artificiales, temarios escuálidos, proyectos improvisados y patios infinitos. Carecen de las herramientas culturales necesarias para trascender los límites de su propia subjetividad de carácter emocional y, en consecuencia, no pueden elevarse sobre sí mismos con la ayuda de la razón, de las ideas y del espíritu, lo cual les impide tener una perspectiva amplia del lugar que ocupan —y que quieren ocupar— en el mundo.

Por otro lado, a los profesores, hartos de recibir humillaciones de todo tipo (recuerdo la experiencia de un compañero que, en una formación interna hecha en el mismo centro, le vendaron los ojos y le obligaron a abrazar al resto de sus compañeros, que también llevaban los ojos tapados), la única salida que les queda, que nos queda, por dignidad y por supervivencia, es la desmemoria, como si las humillaciones recibidas no dejaran poso.

Lo cierto es que, en el sistema educativo actual, las humillaciones son incurables. No puede haber una catarsis colectiva ni un cambio de rumbo porque esa catarsis requeriría valentía, determinación y un sentido claro de dónde venimos y hacia dónde queremos ir. Sin memoria, un cambio de estas características es imposible.

Por el contrario, todas las humillaciones recibidas, barnizadas, disimuladas e incluso justificadas con desmemoria, tiñen el panorama educativo de una anomia y un desánimo difíciles de revertir. Es un terreno abonado para demagogos, vendedores de humo y politiquería de vuelo gallináceo.

Es el sistema que tenemos, por desgracia, el que nos ha tocado vivir. El disparate educativo es tan indigesto que solo te lo puedes comer acompañado de flores de loto.

Epílogo
Que no me quiero enterar

El docente 50.001

Damià Bardera ha organizado una buena en Cataluña, pero no se ha debido tanto a lo que dice como a la enorme audiencia que no ha entendido lo que dice. Si este libro hubiese sido un fracaso de ventas, nadie se hubiera rasgado las vestiduras. Pero ha sido un éxito y esto es lo que duele, porque sus ventas han sido interpretadas como una afrenta por personas que guiadas, sin duda, por las mejores intenciones (pero no sé si con un derroche de sentido común), pusieron en marcha un manifiesto titulado *Por un debate educativo responsable y respetuoso*[1] que dice lo siguiente:

> En las últimas semanas y meses, la virulencia verbal, los malos modos y la desinformación malintencionada parecen haberse apoderado del debate educativo. Las personas abajo firmantes consideramos que, como consecuen-

1. Véase: <https://diarieducacio.cat/per-un-debat-educatiu-respon sable-i-respectuos/>.

cia, se está proyectando una imagen distorsionada, o incluso falsa, del trabajo que se realiza cada día en los centros educativos de nuestro país, y en este sentido queremos manifestar:

Que la comunidad educativa catalana la formamos cientos de miles de alumnos, familias, docentes y otros profesionales de la educación, y que por este motivo es necesariamente diversa y plural. No hay ninguna voz única que pueda representar la opinión de esta comunidad.

Que una inmensa mayoría de docentes y personal educativo que formamos esta comunidad, cada uno desde su ámbito, trabajamos honestamente cada día para promover el aprendizaje y el progreso de nuestro alumnado, y lo hacemos colectivamente, con proyectos arraigados en los territorios. No formamos parte ni somos cómplices de ninguna gran farsa.

Que la discrepancia y la legítima crítica a las carencias del sistema educativo no se pueden ejercer desde el insulto, el desprecio o la propagación de leyendas urbanas que no están sustentadas con datos verificables. Las astracanadas sólo aportan descrédito.

Que la educación en Cataluña afronta hoy en día retos de una magnitud nunca vista, en especial debido a una creciente complejidad social, que se traslada a la escuela, y que en este sentido son necesarios análisis rigurosos, políticas decididas y profesionales comprometidos. No existen soluciones mágicas a problemas complejos.

Por todo ello, instamos al conjunto de la ciudadanía, la comunidad educativa y los medios de comunicación a recuperar un debate educativo que sea sereno, responsable y respetuoso, como lo ha sido durante tantos años en nuestro país.

Barcelona, noviembre de 2024

El lector juzgará si los reproches son merecidos o si nos encontramos ante la vieja táctica de matar al mensajero. Como nadie alzó la voz para pedir un debate sereno y respetuoso cuando los datos de PIRLS 2021 pusieron de manifiesto que los resultados de los alumnos catalanes en comprensión lectora se encontraban entre los de Ceuta y Melilla, me atrevo a sugerir la actualidad de aquello que cantaba Concha Piquer:

De lo que me está pasando
yo no me quiero enterar,
prefiero vivir soñando,
a conocer la verdad.
Que no me quiero enterar,
no me lo cuente, vecina.

Podemos criticar cuanto queramos el tono empleado por Damià Bardera (que no siempre comparto), pero cuando despertemos, el dinosaurio seguirá allí. Si queremos un debate sereno y respetuoso debemos comenzar por preocuparnos por las razones por las que tantos docentes de Cataluña, especialmente en secundaria, comparten las opiniones y el tono de Bardera. ¿Por qué la prensa habla de «la gran renuncia docente»?[2] ¿Por qué

2. Véase el suplemento «Criatures» del diario *ARA*, 9 de noviembre de 2024, pp. 4-5.

un sindicato tan relevante en Cataluña como USTEC·STEs ha hecho suya esta expresión?

El deterioro de la salud física y psíquica de los profesionales de la enseñanza es real, como pone de manifiesto el creciente número de bajas laborales, la dificultad para encontrar profesores de ciencias (es difícil convencer a un matemático que elija impartir matemáticas en la ESO en vez de trabajar en una empresa privada), el hecho de que uno de cada tres docentes se plantee dejar la profesión, etcétera. No es ninguna *rara avis* el profesor que está cubriendo la baja del sustituto de un profesor que está de baja. La UGT y la FSIE manejan también datos que sugieren de manera verosímil que muchos docentes no se sienten satisfechos con el ejercicio de la docencia porque no encuentran una relación clara entre sus conocimientos académicos y su práctica docente, pero la literatura científica se empeña en demostrarnos, una y otra vez, la asociación entre el conocimiento del contenido pedagógico de los profesores, el rendimiento de los alumnos y la satisfacción docente.[3] Hace algunos años un gestor educativo de Singapur me decía que la clave del éxito escolar de su país era sencilla: todo docente sabe por qué hace lo que está haciendo con el convencimiento de que es lo que conviene que haga.

El obvio malestar docente algo tiene que ver con la sustitución del currículo que se proponía ofrecer a los

3. Como muestra un botón: She, J. *et al.*, «Effect of Science Teachers' Pedagogical Content Knowledge on Student Achievement: Evidence From Both Text- and Video-Based Pedagogical Content Knowledge Tests», *American Educational Research Journal*, 17 de octubre de 2024.

alumnos conocimientos sobre el mundo por un currículo sin estructura clara que parece preocupado sobre todo por proporcionar a los alumnos conocimientos vagos sobre sí mismos.

«Podríamos decir —concluyen en la USTEC·STEs— que los docentes se sienten más satisfechos cuando dedican la mayor parte del tiempo a hacer de docentes.»[4] Pues esto es, en resumen, lo que nos dice Bardera. Añado, por mi parte, que los docentes son hoy los únicos a quienes nadie considera expertos en educación, mientras que se concede gratuitamente este título a gentes que saben que existen alumnos porque han leído sobre ellos.

¿Habrá que recordar que en las cosas humanas las imágenes que proyectamos sobre nosotros mismos son siempre verdaderas en sus consecuencias y que esto es especialmente cierto en el sistema educativo?

Hace unos años alguien recién llegado a dirección de la Consejería de Educación de Cataluña me preguntó cuáles, a mi modo de ver, eran las prioridades educativas del país. Le contesté inmediatamente que su principal preocupación debía ser el docente 50.001. No me entendió. Pero lo que le quería decir era elemental. Si en Cataluña hay, en números redondos, 100.000 docentes, el docente 50.001 es la clave, porque es la media sobre la que pivota todo el sistema. Aceptemos —que ya es aceptar— que hay 10.000 docentes dispuestos a mantener su entusiasmo didáctico inmaculado; que estos docentes

4. Diez, Xavier (coord.), *La gran renúncia docent a Catalunya*, USTEC, mayo de 2024. Disponible en: <https://www.sindicat.net/wp-content/uploads/2024/10/EL-MALESTAR-DOCENT-A-CATALUNYA_USTEC%C2%B7STEs_Octubre-de-2024.pdf>.

dedican las horas que haga falta a sus centros, asisten a todos los cursillos que pueden, se leen y estudian toda la normativa, están a la última en innovación educativa, etcétera. No les restaré mérito. En algunos casos han puesto en marcha centros educativos excelentes. Pero es obvio que la calidad del sistema educativo, en su conjunto, no depende de su efervescente entusiasmo, sino de las imágenes que el docente 50.001 proyecta sobre su propia práctica. Si se quiere mejorar el sistema hay que conseguir que el docente 50.001 dé un paso hacia delante.

Pues bien, este libro que acabas de leer, querido lector, está más cerca del docente 50.001 que del 100.000.

Siguiendo las vías abiertas por Damià Bardera, voy a intentar resumir los factores que a mi parecer están detrás de lo que, para no cargar las tintas, podríamos limitarnos a llamar «desconcierto docente». Son los siguientes:

1. La tecnocracia.
2. La postergación del humanismo.
3. Con la escuela ya no hay suficiente, o lo que Salamanca no da, el mercado lo garantiza.
4. La inflación de las calificaciones y la disminución de los conocimientos.
5. La singular racionalidad pedagógica.

La tecnocracia

Damià Bardera, que es filósofo, sabe muy bien que la tecnología y la esencia de la tecnología son cosas diferentes. Si bien la tecnología está cada vez más presente en las aulas —digamos de paso que es difícil no encontrar un centro que no disponga de un aula para almacenar la cacharrería tecnológica obsoleta o, simplemente, en desuso—, es la esencia de la tecnología la que se ha instalado en el ADN del sistema educativo parasitándolo.

Confieso que durante un tiempo me contentaba con definir la tecnología como el conjunto de prótesis antropológicas que amplifican lo que somos, pero es obvio que esta amplificación se lleva a cabo en dimensiones hasta hace poco inesperadas y, por lo tanto, no solo amplifica lo que somos, sino que nos aboca a perspectivas inéditas de lo que podemos llegar a ser y, en ese sentido, deja lo que somos en manos de una disponibilidad futura ilimitada (o, si se prefiere, no limitable desde el presente). Lo que somos queda a la espera de lo que podemos ser y lo que podemos ser es la superación de lo que ahora mismo somos. Somos, pues, seres que consumen rápidamente su presente, porque caduca pronto (somos seres en fuga de la obsolescencia que nos persigue). Ante esta realidad el viejo vocabulario de la filosofía hace aguas. ¿Qué sentido tiene hoy la venerable palabra *esencia*?

Podemos decirlo de otra manera: somos lo que nuestras competencias nos permiten ser, pero como, desde un punto de vista tecnológico, el quehacer sobre el que versa la competencia padece el pecado original de su obsolescencia, no hay manera de definir las competencias más que por la disponibilidad que nos proporcionan aquí y ahora. Desde la perspectiva tecnológica, todo aquel que se cree competente en algo está ya a punto de dejar de serlo.

Observemos que nada se parece más a la esencia de la tecnología que la esencia del deporte de élite. El lema olímpico, *Citius*, *Altius*, *Fortius* ('más rápido, más alto, más fuerte'), es una llamada a dejar atrás todo récord establecido, a brillar mientras brilla el récord que has conquistado. Todo plusmarquista pasa a la historia como prolegómeno de los récords presentes. De ahí que el deporte sea, en su esencia, una mirada tecnológica al cuerpo (con esporádicas sublevaciones del alma).

En el vocabulario tradicional de la filosofía, el concepto de persona se refería a la máscara que daba forma al misterio que somos. Pero para el hombre del régimen tecnológico no hay misterios en ninguna parte, sino límites que sobrepasar, competencias que ampliar. De ahí que abandonemos al incompetente en la puerta de la escuela, mendigando empatía transeúnte.

Pero si de lo que se trata es de ser competentes, es decir, de educarnos en la disponibilidad, ¿no estará el mercado mejor capacitado que la escuela? Lo obvio es que las familias cada año dedican más recursos a lo que algunos llaman educación en la sombra y que no es sino el recurso al mercado para paliar los déficits del sistema educativo formal.

Si el régimen tecnocrático está en auge es, básicamente, porque estamos postergando la educación humanística.

La postergación del humanismo

«Somos como enanos a hombros de gigantes», dijo Bernardo de Chartres. «Si podemos ver más cosas que ellos no se debe a la agudeza de nuestra vista, sino a su altura.» Esta imagen ha atravesado los siglos. Fue utilizada por Stephen Hawking en un libro titulado precisamente *A hombros de gigantes*, con el objeto de mostrar que la ciencia contemporánea necesita de la acumulación histórica de conocimiento para llegar hasta la altura del presente. Einstein se apoya en Newton, y este en Kepler, y este en Galileo, y este en Copérnico... hasta llegar a Hiparco de Nicea, de quien dijo Plinio que «había dejado el cielo en herencia para todos». Lo que decimos de la ciencia lo podemos decir aún con más propiedad de la tecnología. Cada innovación tecnológica se apoya en innovaciones precedentes y vive de ese apoyo.

Pero si esto es cierto en ciencia y tecnología, no es necesariamente cierto en lo que Aristóteles llamaba «los quehaceres humanos». En las cosas humanas lo pasado no está superado solo por haber pasado. En caso contrario, todos seríamos mejores escritores que Cervantes, ya que escribimos después de él. A Proust le sobraba razón cuando ridiculizó a la marquesa de Cambremer, que se creía tan «avanzada» que sostenía que Debussy anuló a Wagner del mismo modo que Wagner anuló a Chopin.

La imagen acumulativa del saber científico y tecnológico no explica nuestra fascinación, por ejemplo, por los versos de Safo, una poetisa del siglo VI antes de Cristo que nos sigue emocionando; por *El banquete* de Platón, que continúa vivo en nuestra imaginación del fenómeno amoroso; por los endecasílabos de Andrés Fernández de Andrada, o por los cuartetos de cuerda de Beethoven.

La resistencia específica de las cosas humanas a dejarse explicar acumulativamente algo nos dice sobre nuestra naturaleza. Ante el saber discriminatorio de lo nuevo, propio del progreso científico, lo humano se apoya en el poder discriminatorio de lo bueno.

Si un día nos encontramos con Sócrates en la calle, lo sensato no será subirse a sus hombros, sino sentarse a sus pies o, como máximo, cogerlo de la mano.

Pero la ideología competencial pretende reducir los quehaceres humanos a quehaceres tecnológicos y, de esa manera, lo que pone en cuestión es la misma imagen del hombre, jibarizándolo. El resultado es que estamos asistiendo a la sustitución de lo bueno por lo nuevo. Nadie se enoja si le dices que está equivocado, pero las cosas pueden ponerse serias si le dices a alguien que se ha quedado anticuado.

En estos tiempos de hundimiento de los índices de natalidad, la preocupación por el futuro se manifiesta en muchas escuelas como pánico a quedarse sin alumnos por no estar suficientemente al día. Por eso se han apropiado del concepto de «innovación disruptiva», que tiene, sin duda, pleno sentido en el mundo empresarial, pero es más que dudoso que se pueda aplicar, sin más, a la realidad de las cosas humanas.

La postergación del humanismo, que en el fondo implica la resistencia a poner la antropología sobre la mesa de los debates educativos, convierte también las aulas en talleres de recomposición personal. Lo que importa es ajustar los mecanismos emocionales del alumno para que su persona esté bien dispuesta a recibir los mecanismos competenciales. Pero no creo que las emociones puedan organizarse y jerarquizarse a sí mismas autónomamente. Necesitan un principio no emocional que las ordene y el más valioso es el del tipo de persona que aspiramos ser.

A mí me dan mucho miedo los que han conseguido dominar la expresión de sus emociones. Suelen ser grandes manipuladores. Prefiero seguir siendo el animal de mejillas rojas.

Con la escuela ya no hay suficiente, o lo que Salamanca no da, el mercado lo garantiza

Ya lo hemos indicado: estamos asistiendo a la reconsideración que tienen las familias —aquellas que se lo pueden permitir— del papel de la escuela en la educación de sus hijos. Cada vez son más las que buscan para ellos ayuda personalizada extraescolar. Esto es un hecho. Pero un hecho fenomenal, porque algo nos está diciendo sobre la fragilización de la confianza que depositan estas familias en los centros educativos. Especifiquemos un poco más. Las familias pobres dedican cada vez más recursos a profundizar los conocimientos académicos de sus hijos (para ponerse al día en idiomas, matemáticas...), mientras que las ricas buscan ampliar esos conocimientos con actividades que van más allá del currículo escolar. Algunas otras familias, pocas, pero en número creciente, lo que buscan es un tutor particular que ponga orden en la agenda de sus criaturas.

Es aleccionador contemplar cómo a comienzos de las vacaciones de verano, mientras que las escuelas les piden a los alumnos que se diviertan, los padres y madres van a comprar casi clandestinamente esos cuadernos de ejercicios escolares que ningún maestro se atreve hoy a recomendar (para no pasar por viejuno). Los padres actúan, pues, sin orientación alguna, guiándose por su olfato. Los más sofisticados se apuntan a plataformas de aprendizaje digital. Conozco bien algunas de ellas y su crecimiento está siendo espectacular. Si tienen éxito es porque están satisfaciendo necesidades que las familias perciben como muy reales y, con frecuencia, urgentes.

En todo el mundo occidental, mientras las calificaciones no dejan de subir y los conocimientos no dejan de descender, la demanda de tutores privados está creciendo. Los padres hablan entre ellos —hay una red social de susurros pedagógicos— y de esta manera se hacen una idea de cómo está su hijo en relación a los hijos de los demás. Muy probablemente sus deducciones no sean muy rigurosas; pero son sus deducciones. El mundo occidental está viviendo una crisis educativa que es en realidad una crisis de aprendizaje. Las familias han descubierto algo que muchos pedagogos parecen empeñados en ignorar: que la escolarización, en sí misma, no se traduce automáticamente en aprendizaje. Pero es el aprendizaje lo que cuenta en la formación de una persona.

En algunos países —Estados Unidos— el crecimiento de la educación en la sombra ha sido explosivo. En España es sostenido, pero parece que imparable. Algunos estudios consideran que en Estados Unidos, Canadá y Europa roza el 15 por ciento. Claramente, los más beneficiados son aquellos que pueden pagar a los mejores tutores. Y, sin embargo, nuestros gestores no dejan de hablar de equidad. Un consejero de Educación, tras la indudable caída de los resultados de los alumnos de su comunidad en el último informe PISA, proclamó ante los medios, sin asomo de vergüenza, que ese descenso no importaba, porque se había incrementado la equidad. Conviene saber que uno de los sistemas más equitativos del mundo es Costa Rica, porque tres cuartas partes de sus alumnos se encuentran en las dos franjas inferiores de resultados en PISA. Han conseguido una equitativa mediocridad.

Cuando en Estados Unidos se pregunta a las familias por qué necesitan añadir tiempo académico a las jornadas escolares de sus hijos, suelen hablar de lo que podríamos llamar indisciplina escolar de pequeña intensidad, que es un voraz consumidor de tiempo educativo. ¿Exagero si digo que la pérdida de confianza de las familias en la escuela ha sido estimulada por la misma escuela (con la inestimable ayuda de muchos medios) por su crítica persistente de los métodos escolares tradicionales, del aprendizaje memorístico (¿si lo aprendido no se encuentra en la memoria, dónde se encontrará?), del valor de los datos factuales? Los padres intuyen que hay una relación estrecha entre éxito académico e ingresos futuros. Y los datos disponibles no hacen sino darles la razón. También hay estudios serios que indican la existencia de una correlación positiva entre la tutoría individual de calidad y los conocimientos matemáticos y habilidades fundamentales.

Muchas familias quisieran ir a los centros educativos y pedir una enseñanza de más calidad, pero para evitarse problemas, si pueden permitírselo, buscan soluciones individuales para garantizar el progreso de sus hijos.

La inflación de las calificaciones y la disminución de los conocimientos

No me parece que, honestamente, con datos en la mano, se pueda negar el doble fenómeno del descenso de conocimientos en las escuelas y el incremento de las calificaciones. La misma Unesco así lo reconoce en el Informe GEM 2024/5, titulado «Liderazgo en la educación», en el que deja constancia especialmente de una bajada global de nivel en matemáticas y en comprensión lectora. Se ha llegado a hablar de una «depresión educativa». Sin embargo, no parece que a los gestores educativos esta situación les quite el sueño.

Para no marear con datos al lector, me voy a detener en los resultados de matemáticas de los jóvenes españoles de 15 años en PISA de 2009 y de 2022. En 2009 el 8 por ciento de nuestros alumnos se encontraban en los dos niveles superiores de matemáticas. Hoy el porcentaje es del 5 por ciento. En 2009 el porcentaje de alumnos que se encontraban en las dos franjas inferiores de matemáticas era del 24 por ciento. Hoy es del 28.

Debemos tener muy claro que PISA no evalúa conocimientos sino el alcance de los recursos intelectuales de un joven (sus competencias intelectuales). Cuanto mayor es la puntuación, mayor es también su competencia para trabajar sobre temas abstractos, emprender tareas difíciles (por ejemplo, encontrar el procedimiento óptimo para resolver un problema complejo recurriendo a la creatividad y al pensamiento flexible).

Los alumnos de los niveles superiores de PISA operan con lo que Jean Piaget llamaba «pensamiento formal». Por eso son capaces de desplegar operaciones de segundo orden (que versan sobre proposiciones basadas en conceptos). Han adquirido esas competencias generales cuyo valor es tan proclamado por la escuela actual.

En los niveles inferiores encontramos a quienes solo pueden contestar preguntas sencillas, con instrucciones directas, en contextos fáciles en los que toda la información requerida es explícita y la solución depende de una operación simple con números enteros. Carecen de las competencias mínimas que les permitirían ser miembros activos en una sociedad compleja como la actual.

Si la inteligencia fuese un rasgo genético inalterable, tendríamos motivos para un pesimismo inconsolable. Pero se asemeja más a una goma con un amplio coeficiente de elasticidad que se puede mejorar con el ejercicio intelectual. La mala noticia es que para ejercitar la inteligencia necesitamos algo sobre lo que ejercitarla, es decir, conocimientos, y hoy los codos se consideran herramientas intelectualmente obsoletas. Pero, nos guste o no, los codos son nuestros aliados porque no hay aprendizaje si no se ha producido alguna modificación en la memoria a largo plazo de una persona.

Será difícil cambiar nuestra trayectoria si no comenzamos por dejar de fingir. Desde hace algunos años no dejamos de hablar de métodos basados en evidencias. Pero las evidencias demuestran que las escuelas no se guían por ellas, sino por su interpretación de las instrucciones que reciben de la administración.

¿Qué mayor evidencia que el hundimiento de resultados de PISA en Finlandia? Minna Kelhä, directora de la Agencia Nacional Finesa de Educación, ha reconocido que «las diferencias dentro de las escuelas e incluso entre ellas han aumentado».[5]

En una entrevista que le hizo la periodista Amy Borrett, Andreas Schleicher, auténtico piloto de nuestras últimas reformas educativas, reconocía la existencia de «una tendencia en los países ricos hacia la mercantilización de la educación. Los estudiantes se convirtieron en consumidores y los profesores en proveedores de servicios». A mediados de enero de 2024, ante un grupo de ministros latinoamericanos convocados en Madrid por la Fundación Varkey, añadió: «Los padres son menos proactivos ahora [...]. Los estudiantes se convirtieron en consumidores, los maestros en proveedores de servicios, las escuelas en alguna especie de institución social y los padres en clientes». Recalcó que si los alumnos han pasado a ser «consumidores pasivos en nuestras aulas» es porque «no les hemos motivado lo suficiente para que aprendan por sí mismos». ¿Pero no era esto lo que suponíamos que hacía Finlandia con éxito? ¿No nos venían insistiendo durante la última década que fuese el que fuese nuestro problema educativo la respuesta era Finlandia?

En la entrevista con Amy Borrett, Schleicher admite que el desplome de los resultados en Finlandia ha sido de casi tres veces el promedio de la OCDE en lectura y cuatro veces en ciencias y admite que este país relajó sus expectativas académicas. Y concluye: «La lección para

5. Kelhä, M., «PISA results reflect broader changes in Finnish society», *Finnish National Agency for Education*, 11 de diciembre de 2023, <https://www.oph.fi/en/blog/pisa-results-reflect-broader-changes-finnish-society>.

mí es que tenemos que lograr el bienestar de los estudiantes no a expensas del éxito académico, sino a través del éxito académico».[6]

La inflación de calificaciones oculta la situación real de los alumnos y dificulta su progreso, a pesar de que algunas almas cándidas, como el economista de Princeton Zachary Bleemer, sostienen que es un buen recurso para conseguir que los estudiantes se sientan mejor al recibir buenas notas. Pero esta dinámica nos lleva a poner cada vez notas más altas, hasta el punto de que finalmente el sistema de calificaciones se independiza de la realidad de los resultados.

Consejo para los padres: si está interesado, de verdad, en cómo va su hijo en la escuela, no se fíe de las evaluaciones, sino que pregunte a los profesores por los resultados de sus ejercicios escolares. La relación entre evaluación y aprendizaje efectivo ha desaparecido.

La singular racionalidad pedagógica

Les confieso que siento una curiosidad creciente por la que podríamos benévolamente llamar «singular racionalidad pedagógica», que es una racionalidad de mangas tan anchas que en ella cabe todo, comenzando por cualquier extravagante irracionalidad sobre la naturaleza del aprendizaje y la enseñanza. ¿No nos dicen algunos que el maestro que le enseña algo a un alumno está ejercien-

6. Borrett, A., «The true extent of damage to schools from Covid-19», *Financial Times*, 5 de diciembre de 2023.

do una violencia sobre él o que la infancia es una clase oprimida? ¿No se fomenta en las facultades de educación la idea de que es el alumno quien debe guiar su propio aprendizaje de acuerdo con sus peculiares estilos de aprendizaje? ¿No se está ofreciendo a los profesores en activo cursillos de formación cuyo mero título hace enrojecer a cualquier persona con conciencia de su propia dignidad? ¿No se nos predicó el advenimiento de una especie nueva de ser humano, el «nativo digital», que traía ya en su equipamiento de serie habilidades innatas para aprender con las nuevas tecnologías? No parece haber nada más difícil de erradicar que un mito pedagógico[7] porque el sistema educativo, que tanto dice aspirar al fomento del pensamiento crítico, es muy poco crítico consigo mismo. Arne Duncan, secretario de Educación de Obama, llegó a decir al abandonar su cargo que «la educación se sostiene sobre mentiras. Esto no es probablemente lo que esperabais oír de un exsecretario de Educación, pero es la verdad».[8] Yo no me atrevo a tanto, pero sí me parece evidente que no se sostiene el rigor metodológico.

¿Por qué se insiste tanto a los profesores en su deber de motivar a los alumnos y se olvida el papel que el aprendizaje tiene en la motivación? ¿Acaso el conocimiento no es un fenomenal motor de aprendizaje? ¿No

7. Kirschner, P. A., y Van Merriënboer, J. J. G. (2013). Do Learners Really Know Best? Urban Legends in Education. *Educational Psychologist*, 48 (3), 169–183, Disponible en: <https://doi.org/10.1080/00461520.2013.804395>.

8. Duncan, A., *How Schools Work*, Simon & Schuster, Estados Unidos, 2019.

nos dice la investigación que el aprendizaje es el motor del interés? ¿Y no sabemos todos que los profesores pasan tanto tiempo intentando motivar a los alumnos que no les queda mucho tiempo para enseñar?[9]

Atrevámonos a decirlo: es el aprendizaje bien estructurado el que conduce a la motivación. Es muy difícil sentirte motivado por aquello cuya mera existencia ignoras. Es más útil aprovechar lo que ya sabe el alumno para abrirle vías de desarrollo de su conocimiento. Y, por supuesto, debemos combatir siempre todo aquello que pueda conducir a la desmotivación.[10]

Suponíamos que nadie era más capaz de motivar a los alumnos que la escuela finesa y con frecuencia se añadía que ello era debido al buen uso de las herramientas digitales en clase. Hoy sabemos que cuanto más se utilizaban estas herramientas, peores eran los resultados de Finlandia. Algunas personas que analizaron bien la realidad de las escuelas finesas, como Aino Saarinen, ya venían llamando la atención sobre la falta de evidencias claras sobre la bondad de los métodos educativos propugnados en este país: «Me he preguntado por qué en las escuelas finesas se hacen tantas cosas en contra de la evidencia de la investigación. No nos faltan datos de investigación, pero sí nos faltan lectores de los datos de la investigación».[11]

9. Véase: <https://www.tes.com/magazine/archive/what-comes-first-motivation-or-learning>.

10. Enser, Mark, *Teach Like Nobody's Watching*, Crown House Pub Ltd, Reino Unido, 2019.

11. Véase: <https://www.is.fi/kotimaa/art-2000009365393.html>, <https://www.hs.fi/paivanlehti/18112018/art-2000005903400.html> y

Donde se desemboca en la verdadera cuestión

La escuela innovadora dice seguir los pasos del filósofo norteamericano John Dewey. Sin embargo, olvida algunos de sus mensajes esenciales, tal como están recogidos en sus obras de madurez, como *Experience and Education* (1938) o *Freedom and Culture* (1939). Me parece importante reproducirlos, visto que el innovacionismo educativo cae fácilmente en un vicio contra el que ya advirtió el mismo Dewey: el antiintelectualismo.

Ahí van:

- «El método más estúpido es el que ofrece tanta libertad al niño que prescinde de la guía del maestro.»
- «El pecado original de la educación progresista es que ha estado mucho más preocupada por definirse a sí misma en oposición a la escuela tradicional que por crear una alternativa educativa consistente. Se ha dejado llevar por la idea de que todo lo que se opusiera a la escuela tradicional era bueno, pero no es bueno jugar ni con la autoridad del maestro ni con la de los contenidos. No es bueno tampoco creer ingenuamente que hay una manera fácil de hacer las cosas o que se puede ir improvisando en clase.»

<https://medium.com/@yc.felin/finlands-pisa-decline-dissected-with-research-insights-9988336e8abe>.

- «La única libertad que tiene valor es la libertad de juicio ejercida con la vista puesta en algo superior.»
- «No hay mayor error que considerar la libertad como un fin en sí misma.»
- «No hay posibilidad de crecimiento intelectual sin algún tipo de reconstrucción del impulso. El problema crucial de la educación es posponer los deseos inmediatos para organizar la acción en función de las metas más altas.»

La necesidad de ganarse la complicidad docente

No importa lo elevadas que sean las intenciones de una ley educativa, lo evidente es que es más fácil aprobarla en el Parlamento que aplicarla en las aulas. Para aprobarla basta con la mayoría de los votos, para aplicarla es imprescindible la aquiescencia activa de los implicados en su puesta en marcha. Sin la complicidad de los docentes toda ley educativa es un brindis al sol.

Nunca es fácil averiguar con exactitud qué imagen tienen los docentes de sí mismos, pero sí sabemos que no suele ser coincidente con la que manejan los directores de los centros. Si queremos disponer de información fiable de lo que ocurre en las aulas, lo primero que debemos hacer es hablar sinceramente con los profesores y, especialmente, con el 50.001.

Concluyo como he empezado, con Concha Piquer, educadora sentimental de nuestros abuelos:

Y luego, ¿qué ha sucedido?
¿quién de mí te separó?
¿qué sombra es la que ha venido
y se ha puesto aquí entre los dos?

Gregorio Luri,
filósofo, pedagogo y ensayista